[illegible] INTERNATIONALE
[illegible], PRÉVOYANCE, D'HYGIÈNE SOCIALE
ET DÉMOGRAPHIE
[illegible] : DOCTEUR A. MARIE

HYGIÈNE (1re série)

III

[illegible] BERNARD

# POUR PROTÉGER LA SANTÉ PUBLIQUE

PARIS (5e)
V. GIARD & E. BRIÈRE
LIBRAIRES-ÉDITEURS

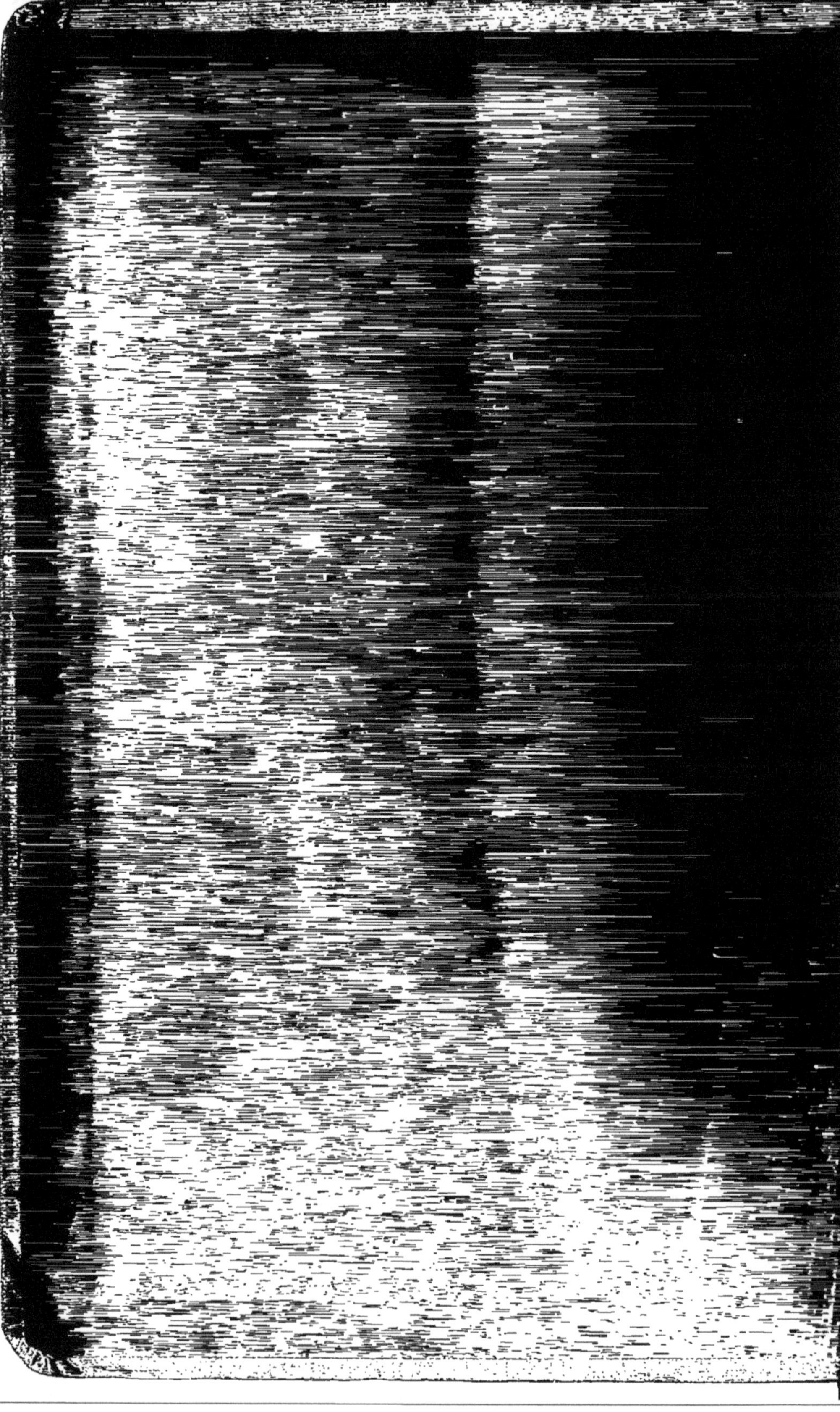

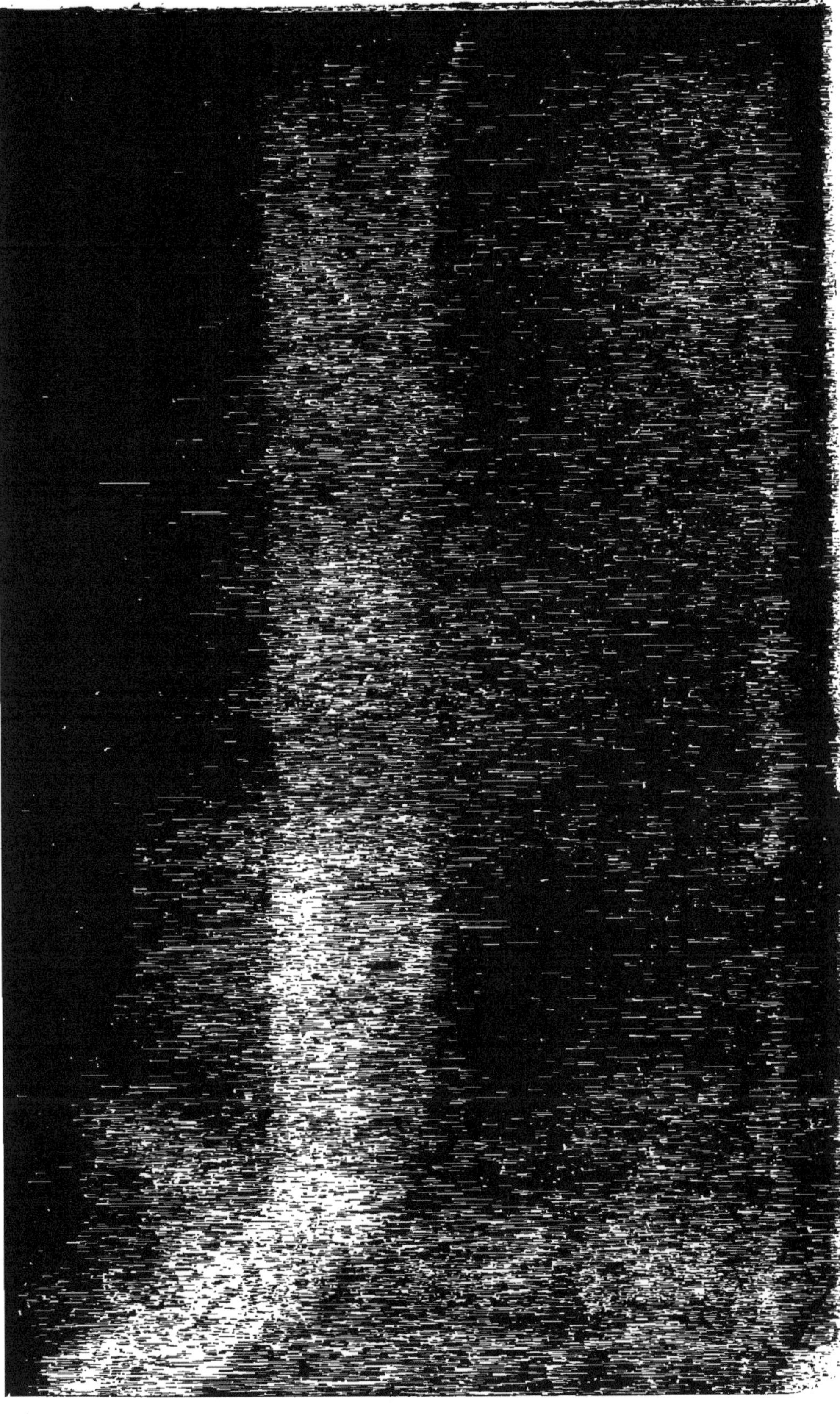

# POUR PROTÉGER LA SANTÉ PUBLIQUE

ENCYCLOPÉDIE INTERNATIONALE
D'ASSISTANCE, PRÉVOYANCE, HYGIÈNE SOCIALE ET DÉMOGRAPHIE
*Directeur : Docteur A. MARIE*

HYGIÈNE (Première série)

III

# POUR PROTÉGER LA SANTÉ PUBLIQUE

PAR

**MARCEL BERNARD**
Secrétaire Général du département de Seine-et-Marne

AVEC UNE PRÉFACE DU

**Dr Fernand DUBIEF**
Vice-Président de la Chambre des Députés
Ancien Ministre de l'Intérieur

PARIS 5e
V. GIARD & E. BRIÈRE
LIBRAIRES-ÉDITEURS
16, RUE SOUFFLOT ET RUE TOULLIER, 12

1909

# AVANT-PROPOS

Durant ces dernières années, on s'est beaucoup préoccupé de définir les règles de l'hygiène sociale et les conditions matérielles nécessaires à la conservation de la santé publique.

Après avoir donné en 1902 « la charte de la santé publique » qui a rendu de si grands services aux communes rurales et qui a protégé la santé de nos cultivateurs et de nos paysans, le Parlement continua son œuvre en votant les lois de 1905 et de 1907, tandis que M. Léon Bourgeois pouvait déclarer que les mesures sanitaires. indispensables au point de vue juridique et économique, étaient conformes à la justice et aux principes de la démocratie républicaine.

Le gouvernement entendait préserver la nation.

Rien de ce qui touche la santé publique ne devait lui demeurer étranger : la lecture des diverses circulaires adressées aux préfets montre son vif désir de faire appliquer partout les règlements en vigueur. Un discours de M. G. Clemenceau, président du Conseil, exprime très nettement sa pensée :

« Bien que ce travers commence à s'atténuer, disait-il, « les Français raillent encore volontiers toutes les mesu- « res d'hygiène, ce qui n'empêche pas les railleurs, au « moindre danger, de se laisser aller à des paniques « souvent injustifiées. Les municipalités et les départe- « ments les plus inertes dans l'organisation de leurs « services sont aussi les premiers à s'affoler à l'heure

« du péril, à se retourner alors désespérément vers « l'Etat, dont on attend le salut, que l'on somme impé« rieusement de faire des miracles, que l'on accuse avec « colère de ne pouvoir improviser des moyens de dé« fense que les mêmes municipalités ou départements « auraient dû depuis longtemps préparer. Il faut bien « que cette idée pénètre dans l'esprit public, qu'on « n'improvise pas plus la défense nationale contre les « maladies transmissibles qu'on ne l'improviserait con« tre d'autres dangers, et qu'ici comme là toute impré« voyance est criminelle. Or, en ce qui concerne la pro« tection de la santé publique, ce sont les municipalités « et les conseils généraux que la loi, à tort ou à raison, « a chargés de l'organisation de la défense sous le con« trôle et avec la participation budgétaire de l'Etat. « Nous faisons notre devoir. Aux assemblées municipa« les ou départementales à faire le leur. Si elles y « tardent trop, que l'opinion publique se dresse contre « elles et donne au ministre de l'Intérieur l'appui de sa « force souveraine. »

La presse entière, sans distinction de parti, a vulgarisé les découvertes médicales propres à préserver la santé publique.

Les Congrès réunis pour délimiter le mal et lutter contre les fléaux sociaux : alcoolisme, tuberculose, syphilis, se sont multipliés. L'Académie de Médecine, émue à juste titre, a émis des vœux et proposé des textes législatifs.

Les efforts individuels ont donné de toutes parts des résultats remarquables et divers : colonies de vacances, jardins ouvriers, ligues de tempérance, croix blanche, etc...

Cependant, il faut constater que les mesures administratives destinées à préserver et à sauvegarder la santé publique se sont heurtées jusqu'à présent à l'indifférence et parfois à l'hostilité des intéressés.

C'est parce que les lois de l'hygiène nous paraissent les meilleures parmi les lois sociales, c'est parce que leur stricte application nous semble le premier des devoirs des autorités compétentes que nous avons écrit ce livre.

C'est un ouvrage de vulgarisation qui vient à son heure et dont la place était marquée dans l'importante encyclopédie internationale dirigée avec tant de succès par l'éminent D^r A. Marie, de Villejuif.

Aujourd'hui des lois existent, des décrets sont pris, qui organisent les services nouvellement créés, la jurisprudence fixe les points nébuleux : l'heure de l'application est venue.

Les maires, qui ont toute la charge de cette mise en train mais qui sont mal préparés à leur nouvelle tâche, ne sauront dans bien des cas comment agir, c'est pour eux et les hommes de bonne volonté qui les entourent que nous avons résumé ici les règles pratiques qui doivent les guider et que nous avons réuni les conseils et les indications qui leur permettront d'agir.

Combien en avons-nous vu de ces magistrats consciencieux qui, fiers du suffrage de leurs concitoyens, prennent à cœur leurs fonctions, aiment le petit coin de terre où ils sont nés et désirent profiter de leur passage aux affaires pour accomplir une œuvre utile ; combien en avons-nous vu sur le point de renoncer à tout projet, pour avoir rencontré trop de difficultés, heurté trop de résistances et tenté trop de vaines démarches ? Puissent-ils trouver dans ces pages le moyen de répandre autour d'eux la santé qui rend la race forte et la vie heureuse !

MARCEL BERNARD

# Pour protéger la Santé Publique

## PRÉFACE

L'humanité a trois ennemis redoutables : la maladie, la vieillesse et la mort, et tous les efforts de la science tendent à guérir, à conserver en état de validité les humains et à éloigner le plus possible l'inévitable.

A ce sujet les livres sacrés de l'Inde nous apprennent que le fils du roi Couddhodana et de la belle Mayadévi, qui se révéla de bonne heure comme un petit prodige, en sortant un jour du palais, par la porte de l'Est, pour une promenade de plaisance, se heurta à un pauvre diable gémissant, le corps amaigri et brûlé par la fièvre. « Qu'est-ce » ? dit-il à son cocher. « Un malade comme il y en a beaucoup parmi les humains », répondit celui-ci. A la pensée que la maladie était si proche : « Cocher, s'écria-t-il, détourne vite mon char et rentrons ! »

Une autre fois, en franchissant une autre porte, le jeune prince rencontra un homme qui se tenait courbé, cassé en deux, le front vers la terre, sous le poids des ans. « C'est la vieillesse », lui dit-on. De nouveau il fit demi-tour, et la lamentable vision n'avait pas encore disparu qu'à la troisième porte il aperçut un cadavre sur une civière.

« Retournons en arrière, dit le prince. Ah ! malheur à la santé que détruisent tant de maladies ! Ah ! malheur à la jeunesse que la vieillesse doit détruire ! Ah ! malheur à la vie où l'homme reste si peu de jours ! »

Il se dirigea alors vers la porte du Nord : là il rencontra un de ces religieux mendiants qui vivent sans joie et sans désirs, sans passion et sans envie : ce lui fut une révélation. Il se fit religieux malgré le désespoir du roi, sous le nom de Çakyamouni, qui veut dire le solitaire de la famille des Çakyas et devint Bouddha.

Devant ces nombreuses constatations que la légende donne pour origine au bouddhisme, la science a recherché pour de si grands maux, de plus pratiques remèdes. On s'est ingénié à éviter la maladie, à atténuer les misères de la vieillesse et à reculer l'œuvre de la mort.

La protection de la santé publique est pour les sociétés peu ou pas civilisées une vieille connaissance. Moïse dans ses lois et les religions antiques s'en sont préoccupés, et Auguste, à côté des statues de la Paix et de la Concorde, avait, dit-on, placé celle de la Santé publique.

C'est de toute antiquité que des mesures préventives ont été édictées contre la morbidité et la mortalité.

L'expérience enseigne que ce n'est pas œuvre vaine, témoin ce qui se passe pour la tuberculose. Partout où l'on a envisagé le danger en face, où l'on s'est efforcé d'en dégager les raisons et les causes et où l'on s'est mis à la besogne énergiquement, on a obtenu des résultats appréciables et la maladie a reculé.

L'Angleterre était autrefois considérée comme la terre de prédilection de la phtisie. En un demi-siècle la mortalité de ce chef a diminué de près de moitié. L'insalubrité des logements et des ateliers était avec l'alcoolisme le principal facteur du fléau. Qu'ont fait nos voisins ? Ils ont jeté bas les quartiers malsains. En 1898 les municipalités anglaises avaient dépensé plus de 25 millions en constructions d'immeubles confortables. Le Conseil de santé de Londres, dans le Boundary Street, démolit 720 maisons habitées par 5.719 personnes pour les remplacer par un quartier entièrement neuf aux maisons confortablement aménagées, avec buanderies, bains, etc., capables de recevoir 10.000 locataires. A démolir et à reconstruire on a dépensé plus de

40 millions de francs, mais le taux de la mortalité est tombé de 50 o/o !

Mêmes sacrifices pour les ateliers où les conditions d'aménagement et d'hygiène ont été transformées au grand profit de la santé des travailleurs ; mêmes efforts à l'égard de l'alcoolisme contre lequel de tous côtés les sociétés de tempérance sont parties en guerre.

Chez nous c'est sur le modèle de la loi anglaise et sous l'empire des mêmes préoccupations qu'a été votée la loi du 15 février 1902 sur la santé publique. Malheureusement notre organisation est ainsi faite que c'est au maire qu'appartient en ces matières l'autorité. C'est lui qui détient tous les pouvoirs. Or, tantôt il ne sait pas en user par inconscience du mal qui sévit et des risques qui s'aggravent ; tantôt il ne veut pas en user par crainte du mécontentement à naître chez ses administrés dont il entend garder la faveur.

Est-ce de la création d'une « alliance d'hygiène sociale » que nous devons attendre le salut ? Le professeur Brouardel disait à ce sujet : « Nous ne réussirons que si nous avons des concours dévoués, non pas des concours passifs se bornant à accepter l'observance des prescriptions légales, mais des concours actifs animés par la foi des propagandistes. Chacun peut choisir dans les divers moyens de lutte contre la maladie celui qui a sa préférence : tous ont leur utilité. »

C'est sous l'impulsion de l'opinion que le législateur est intervenu, mais la loi sur la santé publique n'aura d'efficacité que si l'on est convaincu d'un devoir social à remplir. Il y faut l'adhésion et l'aide de tous. Rien n'est plus vrai et puisque les maires peuvent beaucoup, il faut, s'ils sont suffisamment armés, obtenir d'eux en les éclairant qu'ils secondent en les réunissant les efforts dispersés de tous les amis de la santé publique. Cela vaudra mieux que la solution de Çakyamouni, d'autant qu'il n'est pas à la portée de tout le monde de se faire Bouddha.

C'était une œuvre intéressante à poursuivre que de réunir en un plaidoyer administratif tous les arguments favorables à la grande cause de la santé publique. M. Marcel Bernard, le très distingué secrétaire général de la préfecture de Seine-et-Marne, dans le bon livre qu'il nous offre aujourd'hui, l'a tenté avec succès.

Il ne lui a pas échappé surtout que dans notre régime administratif l'autorité des maires est toute puissante en matière de protection de la santé publique. Aussi s'est-il très utilement appliqué à définir leur rôle.

« Il est infiniment souhaitable, a écrit M. Clemenceau, que les municipalités averties et guidées par les assemblées sanitaires et par les préfets, comprennent ce qui est en même temps leur intérêt et leur devoir : pourvoir une ville, comme dit la loi, d'eau potable de bonne qualité et en quantité suffisante, assurer l'évacuation des eaux usées, assainir les quartiers les plus insalubres, c'est diminuer les causes les plus graves de la mortalité et de la morbidité, c'est garantir la force productive et travailler au bonheur de la cité. »

Mais pour qu'ils se rendent compte du rôle qui leur appartient et pour qu'ils ne s'en laissent pas distraire par le souci de ne pas mécontenter leur clientèle électorale, il faut éclairer les maires.

Nombreuses sont les difficultés contre lesquelles on se heurte. En premier lieu la routine ; témoin cette municipalité qui, mise en demeure avant de faire les dépenses d'une adduction d'eau de fournir un échantillon pour l'analyse, s'y refusait obstinément, prétextant que son eau était bonne, qu'il était inutile de l'examiner puisque depuis des années déjà elle servait à l'alimentation de la commune.

Plus sérieuses sont les résistances d'ordre financier. Toute amélioration, hélas ! comporte une dépense et les budgets communaux ne sont pas riches la plupart du temps. Sans doute les prélèvements opérés sur le pari mutuel depuis de nombreuses années déjà, sur le produit des jeux depuis deux ans seulement, ont été et demeurent de précieux encouragements. Mais ils ne suffisent pas à tout.

Il n'est pas jusqu'à la jurisprudence des tribunaux qui ne crée des difficultés aux administrateurs de bonne volonté.

Avant la loi de 1902, la jurisprudence reconnaissait en principe à l'autorité chargée de veiller à la salubrité publique les droits les plus étendus, mais dans la pratique elle lui refusait les moyens de les exercer.

Par exemple, lorsque l'autorité ordonnait des travaux, dans l'intérêt de l'hygiène publique, dans une propriété particulière, ou interdisait de louer des logements reconnus insalubres, en l'absence de textes précis, le tribunal, gardien des droits de l'individu et protecteur de la propriété, ne pouvait se résoudre que rarement à sanctionner les mesures municipales présentées.

La loi de 1902 a quelque peu changé cela ; le juge, certes, a le droit de contrôler l'exercice du pouvoir de réglementation ; mais lorsque l'autorité administrative sanitaire pourra établir que les mesures qu'elle ordonne sont nécessaires et ne peuvent s'obtenir que par les moyens qu'elle indique — dussent la propriété ou la liberté individuelles en être atteintes — désormais ses décisions seront sanctionnées. Ainsi les tribunaux deviennent pour l'autorité sanitaire éclairée beaucoup plus un soutien qu'un contrôle, et c'est fort heureux.

Le maire actuellement n'agit plus seul. Il se sent couvert dans sa responsabilité ; son devoir l'oblige à faire appliquer les règlements sanitaires. La décision sans doute lui appartient, mais il a pour la prendre les avis d'une commission sanitaire, d'un conseil d'hygiène composé des spécialistes les plus autorisés qui ont mission d'étudier les causes d'insalubrité et de proposer les moyens propres à y remédier.

Comment, lorsque éclairé par tous ces conseils, il aura recours à la mesure efficace et indispensable à la santé publique, la jurisprudence pourrait-elle lui faire échec, et, certain d'être approuvé, comment pourrait-il hésiter, quels que soient les intérêts particuliers, à leur préférer l'intérêt général ?

Quand on voit chez nos voisins, en Allemagne et en Angleterre, les efforts faits pour protéger la santé publique et les millions dépensés pour assainir certains quartiers, on se rend compte de ce qui est à faire chez nous et des nécessités auxquelles la loi du 15 février 1902 a é'é appelée à faire face,

On en peut attendre les meilleurs effets, mais à la condition qu'on ne laissera pas peser sur les épaules des maires toutes les responsabilités.

Plus un pays s'avance dans la voie de la civilisation, plus les centres de population s'accroissent, plus se développent les causes d'insalubrité et plus deviennent urgentes les précautions protectrices de la santé publique.

Quand il s'agit d'un pays comme le nôtre, où la natalité suit une courbe invariablement descendante, le devoir de surveillance devient de plus en plus impérieux. De l'air pur, des aliments sains, de l'eau potable, des logements et des ateliers salubres :

voilà les conditions essentielles dont dépend la santé physique et morale de l'homme.

La loi qui veille à ce qu'elles ne lui fassent pas défaut est une loi de protection nécessaire dont les pouvoirs publics dans l'Etat, dans le département et la commune ont pour premier devoir d'assurer l'application.

En écrivant d'une plume alerte cette étude consciencieusement documentée, M. Marcel Bernard n'a pas fait seulement montre d'érudition administrative et de sens judicieux, il a apporté à l'examen d'un des plus graves problèmes de notre temps une contribution précieuse qui fait le plus grand honneur à son goût du travail et à son zèle passionné pour sa fonction, si bien que je ne sais, si je dois plus d'éloge au sociologue averti qu'au fonctionnaire émérite.

Les maires de la République auront désormais leur livre de chevet.

F. Dubief
Ancien Ministre,
Vice-Président de la Chambre des Députés.

# CHAPITRE I

# LES AUTORITÉS

## Attributions spéciales au point de vue sanitaire

### 1° Du Maire

Le maire est le principal agent chargé de l'application des lois en matière de salubrité et d'hygiène publiques. Il détient à la fois des pouvoirs de réglementation et d'exécution. Son autorité a servi de base au législateur pour édifier la législation sanitaire et les modifications successives n'ont eu pour but que de la préciser, l'affermir ou l'augmenter. Nous verrons que les diverses lois sanitaires, si elles n'ont pas apporté de profondes modifications aux attributions des maires, ont toujours eu pour objet de les préciser, de les rendre obligatoires et de les entourer des sanctions nécessaires pour assurer leur efficacité.

Le maire a toujours détenu des pouvoirs en

matière de salubrité. Dès la période révolutionnaire, le soin d'assurer la salubrité publique fut délégué au pouvoir communal comme une des branches de la police communale.

La loi du 14 décembre 1789 lui laissait le soin « de faire jouir les habitants d'une bonne police, notamment de la propreté et de la salubrité dans les rues, lieux et édifices publics... ».

La loi des 16-24 août 1790, qui est demeurée en vigueur pour toutes les communes de France jusqu'à la loi du 5 avril 1884, et qui est encore applicable à la Ville de Paris, en réglementant les pouvoirs de police des municipalités, les chargeait dans son titre XI (art. 3) « d'assurer le nettoiement des voies publiques, d'empêcher le dépôt sur ces voies de rien qui pût causer des exhalaisons nuisibles, de surveiller la salubrité des comestibles exposés en vente publique, enfin de prévenir par des précautions convenables et de faire cesser par des distributions de secours nécessaires les accidents et fléaux calamiteux, tels que les épidémies et les épizooties. »

Les diverses lois sur l'organisation municipale n'ont fait que reproduire l'esprit de cette première législation, et la loi du 5 avril 1884 actuellement en vigueur n'a point modifié sur ce point les pouvoirs des maires.

Art. 91. — Le maire est chargé, sous l'autorité de l'administration supérieure, de la police municipale, de la police rurale et de l'exécution des actes de l'autorité supérieure qui y sont relatifs.

Art. 94. — Le maire prend des arrêtés à l'effet : 1° d'ordonner les mesures locales sur les objets confiés par les lois à sa vigilance et à son autorité ; 2° de publier de nouveau les lois et règlements de police et de rappeler les citoyens à leur observation.

Art. 97. — La police municipale a pour objet d'assurer le bon ordre, la sûreté et la salubrité publiques.

Elle comprend notamment :

1° Tout ce qui intéresse la sûreté et la commodité du passage dans les rues, quais, places et voies publiques, ce qui comprend le nettoiement, l'éclairage, l'enlèvement des encombrements, la démolition ou la réparation des édifices menaçant ruine, l'interdiction de rien exposer aux fenêtres ou autres parties des édifices qui puisse nuire par sa chute, ou celle de rien jeter qui puisse endommager les passants ou causer des exhalaisons nuisibles.

. . . . . . . . . . . . . . . . . . . . . . . . . . .

6° Le soin de prévenir, par des précautions convenables, et celui de faire cesser, par la distribution des secours nécessaires, les accidents et les fléaux calamiteux, tels que les incendies, les inondations, les maladies épidémiques ou contagieuses, les épizooties, en provoquant, s'il y a lieu, l'intervention de l'administration supérieure.

Enfin la loi du 21 juin 1898 sur le Code rural (liv. III, tit. I, ch. II, art. 18 à 29 et 41 à 45), charge les maires de veiller à tout ce qui intéresse la salubrité publique et d'ordonner toutes les mesures que comporte la police sanitaire. Elle les investit par ces dispositions déjà très précises de pouvoirs considérables.

C'est en vertu de ces différentes dispositions législatives que le maire possédait et conserve encore aujourd'hui les pouvoirs les plus généraux et les plus étendus pour prévenir et faire cesser les causes d'insalubrité les plus diverses ainsi que les épidémies.

Dans la pratique, les maires ne faisaient qu'un usage trop modéré de leurs pouvoirs et la législation qui les leur avait confiés restait le plus souvent à l'état de lettre morte.

La municipalisation de la législation sur l'hygiène publique entraînait la décentralisation de ce service. Sa réglementation était par suite facultative. De nombreux maires, par ignorance des règles d'hygiène, par des considérations personnelles ou électorales, usaient de la trop grande initiative qui leur était laissée et ne prescrivaient aucune mesure sanitaire. Et lors même qu'ils édictaient des règlements, leurs prescriptions étaient souvent sans efficacité en raison d'une jurisprudence concordante du Conseil d'Etat et de la Cour de Cassation qui était extrêmement protectrice des intérêts individuels et du droit de propriété et n'accordait le plus souvent aucune sanction effective aux mesures édictées.

En effet si le pouvoir des maires leur permettait d'établir un règlement sanitaire, droit que le Conseil d'Etat reconnaît au préfet de la Seine dans un arrêt du 1er mars 1896, la jurisprudence dans le même arrêt ne leur reconnaît pas le droit d'ordonner des mesures d'exécution, elle leur refusait le droit de fixer les détails de procédés de construction et d'installation (Cons. d'Et., 23 déc. 1893), de prescrire des travaux déterminés ou d'imposer des moyens d'assainissement obligatoires (arrêt de la Cour de cass., du 30 déc. 1903, déclarant sans sanction la loi du 10 juillet 1894, prescrivant le « tout à l'égout »).

Dans ces conditions l'exercice du pouvoir de police des maires pour assurer la salubrité et l'hygiène publiques ne pouvait donner de résultats sérieux pour l'amélioration de la santé publique.

C'est à ce moment qu'est intervenue la loi de 1902, appelée loi de protection sur la santé publique. Son action bienfaitrice résulte moins de ce qu'elle aurait eu pour objet d'augmenter les attributions des maires qui possédaient déjà la compétence la plus étendue en matière de salubrité publique que de ce qu'elle a eu pour effet d'élargir leurs pouvoirs, surtout en précisant les droits et l'étendue de l'autorité qu'ils tenaient de la législation antérieure.

Pour faire ressortir la portée exacte de la loi de 1902 et indiquer les prescriptions et les améliorations nouvelles introduites par son texte, il importe, en examinant les pouvoirs spéciaux qui sont réservés aux maires dans cette loi, de rechercher l'étendue des droits et des pouvoirs qu'ils détenaient en vertu des lois et de la jurisprudence antérieure ; on pourra ainsi voir, par comparaison, dans quelles limites ces pouvoirs ont pu être étendus ou dans quels cas ils ont été modifiés ou purement et simplement maintenus. Cette étude comparative est indispensable pour comprendre dans quelles conditions l'ancienne jurisprudence a été appliquée ou modifiée par la jurisprudence nouvelle sur l'application de la loi de 1902. Elle peut seule faire ressortir les avantages et les améliorations qui en résultent. Elle permet enfin de mieux définir la portée et l'étendue du pouvoir actuel de réglementation du maire.

Cette étude comparative des textes et de la jurisprudence portera sur :

Les pouvoirs généraux des maires ;

La destruction des objets insalubres ;

Les mesures concernant l'intérieur des habitations ;

Les mesures relatives aux propriétés existantes ;

L'examen de l'efficacité des mesures prescrites ;

Les mesures sanitaires aggravant ou violant les prescriptions de la loi ;

Le pouvoir de réglementation ;

Les sanctions du règlement sanitaire.

***

### *Pouvoirs généraux des maires*

La portée générale de l'étendue des pouvoirs des maires en matière de salubrité publique n'a pas véritablement subi d'extension nouvelle. En effet, aux termes de l'article 97 de la loi de 1884, le maire a pour mission d'une façon générale d'assurer la salubrité publique, et d'une façon spéciale « de prévenir par des précautions convenables les maladies épidémiques ou contagieuses ». La loi de 1902 est plus impérative, puisqu'elle oblige le maire à faire un règlement sanitaire, mais la formule n'a pas changé, car ce règlement a pour objet « les précautions à prendre » et « les prescriptions destinées à assurer la salubrité », c'est-à-dire l'objet même de l'article 97.

Cet article avait en effet confié au maire le soin de prendre « des précautions convenables ». La loi de 1902 ne va pas au delà lorsqu'elle le charge de déterminer par un règlement : « 1° les précautions à prendre en exécution de l'article 97 de la loi du 5 avril 1884... 2° les prescriptions destinées à assurer la salubrité des maisons et de leurs dépendances... »

L'énumération qui est contenue dans le texte de l'article 1er semble n'être qu'indicative des objets qui seront, comme l'indique le libellé même, soumis plus spécialement à l'attention du pouvoir réglementaire. Elle prend sa base dans les pouvoirs généraux que le maire puise tant dans la loi du 5 avril 1884, que dans les lois d'août 1790 toujours applicables à la Ville de Paris et de 1898 sur le Code rural.

C'est ce qu'indiquait M. Waldeck-Rousseau, un

des auteurs mêmes de la loi dans cette déclaration à la Chambre des députés (*J. off.*, 1900, p. 953) : « Je considère que les premiers articles du projet relatifs aux règlements sanitaires ne paraissent point de nature à soulever une discussion ; ils se bornent à développer la règle inscrite dans l'article 97 de la loi municipale... »

Il ne s'agit donc là que d'une énumération indicative des objets soumis plus spécialement à la vigilance du maire et à l'attention des juridictions appelées à apprécier la légalité et l'opportunité des mesures qui seront ordonnées. Cette énumération étant indicative et non limitative, il en résulte que cet article 1er n'a nullement restreint les pouvoirs du maire aux points qu'il indique plus particulièrement. Il en résulte également qu'elle ne peut avoir pour objet ni de diminuer ni d'augmenter les pouvoirs généraux des maires, mais elle était néanmoins nécessaire dans la loi de 1902. En présence d'une législation qui théoriquement conférait tous les droits et d'une jurisprudence qui limitait dans la pratique l'exercice des pouvoirs en résultant, il était indispensable que la loi elle-même vînt en certains points donner plus de précision et modifier cette jurisprudence restrictive.

En présence du maintien de la législation antérieure par les références mêmes que lui fait la loi nouvelle, il est important de rechercher dans quelle mesure l'article 1er qui touche aux principaux pouvoirs du maire, a pu apporter un changement dans la jurisprudence restrictive antérieure. Cet article a eu pour effet non seulement d'imposer désormais un exercice plus fréquent et plus actif de ces pouvoirs, mais encore d'élargir dans une proportion faible mais appréciable l'interprétation souvent étroite dans laquelle la jurisprudence les emprisonnait.

Il ne faut pas oublier que la loi de 1902 conçue, préparée et élaborée par des hygiénistes dévoués et convaincus qui, pendant de nombreuses années, exposèrent leurs idées et firent adopter leurs théories dans les commissions ministérielles et parlementaires, fut bouleversée dans ses principes mêmes lorsqu'elle subit le feu de la discussion, particulièrement au Sénat. Des amendements de séance s'introduisirent dans un texte auquel ils apportaient des modifications profondes basées généralement sur le respect de la propriété qui trop souvent se dressait en face de l'intérêt de l'hygiène. Certains articles furent adoptés par le Parlement sans laisser la moindre trace de discussion ou de travaux parlementaires. Et quand on recherche dans l'étude des droits et pouvoirs du maire l'esprit du législateur, on constate que si toujours il a eu l'intention d'augmenter son autorité, il n'a pas omis le respect dû au droit de propriété. Aussi, c'est l'association de ces deux principes : nécessité de l'hygiène et respect de la propriété, que l'on retrouve toujours en présence dans les préoccupations des juridictions qui ont été déjà appelées à se prononcer sur l'application de la loi, qui a bon cœur mais mauvais texte.

*
* *

*Destruction des objets insalubres*

La première partie de l'énumération contenue dans l'article 1er a pour effet de permettre la destruction des objets malsains ou servant de véhicule à la contagion. Cet article porte, en effet, que le maire doit édicter : « 1° les précautions à prendre en exécution de l'article 97 de la loi du 5 avril 1884 pour prévenir ou faire cesser les maladies transmissibles, spécialement les mesures de désinfection ou même de destruction des objets quelconques pouvant servir de véhicule à la contagion ».

Ce texte, en tant qu'il autorise une destruction, et bien qu'il se réfère à l'ancienne législation était indispensable. La jurisprudence antérieure de la Cour de cassation avait toujours considéré qu'en dehors des cas formellement prévus par la loi, un arrêté de police ne pouvait empêcher le propriétaire d'user de son droit de propriété, ni à plus forte raison procéder par voie de suppression ou de destruction de la chose qui est l'objet de ce droit.

De nombreux arrêts rendus dans des espèces où

l'arrêté du maire était basé uniquement sur la législation municipale en vigueur, principalement dans les communes où la loi de 1850 sur la législation des logements insalubres n'avait pas été rendue applicable, ne permettaient pas, même dans un intérêt de salubrité publique, la suppression d'objets mobiliers, ni de tout ce qui par sa nature ou sa destination peut être soit un danger permanent pour la santé publique soit un foyer d'infection. L'ancienne jurisprudence qui déniait à l'autorité sanitaire le pouvoir de faire supprimer un fossé (Cass. cr., 16 mars 1867), une mare (Cass. cr., 28 avril 1881), un puits (Cass. cr., 25 juillet 1885), un arbre (Cass., 16 décembre 1882. D. P. 82), des oliviers (Cass., 19 août 1882. D. P. 83), dans des espèces où l'efficacité de la mesure était démontrée, doit être aujourd'hui certainement condamnée sans réserve, en présence de la disposition formelle de la loi de 1902 qui donne aux tribunaux le texte spécial qu'ils réclamaient.

La loi de 1902, imbue de cette idée que la chose insalubre doit disparaître quand l'efficacité de cette mesure ne peut être mise en doute, va même jusqu'à permettre aujourd'hui dans le seul intérêt de la salubrité l'expropriation pour cause d'utilité publique ou mieux d'insalubrité publique, d'agglomérations qui sont un foyer d'épidémie.

Toutefois ces mesures de destruction ou de suppression, ordonnées par voie réglementaire, ne sauraient viser que les objets « pouvant servir de véhicule à la contagion des maladies reconnues transmissibles ». Quant aux dispositions de locaux, l'existence de fosses par exemple, le pouvoir réglementaire peut fixer leurs conditions de salubrité mais ne peut exiger leur suppression (Cons. d'Et., 5 juin 1908) ; il serait nécessaire pour arriver à ce but de recourir à la procédure de mesure individuelle organisée par l'article 12 de la loi de 1902.

***

### *Mesures concernant l'intérieur des habitations*

Dans l'article 1er (2°) relatif aux prescriptions destinées à assurer la salubrité des maisons, on rencontre une disposition qui ne figurait pas dans les textes antérieurs et qui est relative aux dépendances des maisons et aux voies privées, c'est-à-dire au droit de réglementation jusque dans l'intérieur des maisons sans distinction d'aucune sorte.

La loi de 1902 n'a pas complètement innové sur ce point, car en vertu des pouvoirs généraux qu'il tient de l'article 97 de la loi de 1884, le maire avait déjà été autorisé par de nombreuses décisions judiciaires à franchir le mur de la propriété privée. C'est, en effet, dans l'intérêt seul de la santé et de la salubrité publiques que sont intervenues toutes les réglementations sur les vidanges, les fosses d'aisances, et même sur la prostitution clandestine. C'est au nom de la santé publique que le maire a pu interdire à un propriétaire de laisser à l'intérieur de ses terres des eaux stagnantes croupir (Cons. d'Et., 5 mai 1865), ou des dépôts de fumier, d'immondices (Cass., 3 juin 1879, *B. cr*, n° 9, p. 11. — 21 déc. 1895, *B. cr.* 340, p. 549), ou de garder plus de cinq jours dans un immeuble les ordures ménagères (Cass., 2 mars 1867. D. P. 67. 1. 414), qu'il a pu prescrire le balayage et le nettoiement des cours et allées des maisons (Cass. cr., 21 juil. 1883. — 31 mars 1900), interdire certaines agglomérations malsaines d'animaux de trait (Cass., 1er mars 1851, de basse-cour (Cass., 7 nov. 1885), de chiens ou de chats (Cass., 7 janv. 1882), de porcs (Cass., 22 mars 1851), et même prescrire des mesures dans les établissements classés insalubres (Cass. 18 mai 1850. — 22 mars 1851).

Cette jurisprudence découle de cette idée exprimée dans l'arrêt de Cassation du 7 novembre 1885, que « les causes d'insalubrité qui proviennent d'actes accomplis dans une maison particulière n'échappent pas, en principe, d'une manière absolue au pouvoir de réglementation ». Le maire, agissant au nom de la salubrité publique, soit qu'il s'agisse de propriété, soit qu'il s'agisse de commerce ou d'industrie, a toujours dans ses pouvoirs le droit de réglementer même ce qui se passe à l'intérieur des maisons.

La loi de 1902 ne fait donc que préciser davantage sur ce point et au besoin affermir et étendre une jurisprudence souvent favorable, mais toujours timide. L'autorité se trouve aujourd'hui armée d'un texte précis lui permettant d'obliger les propriétaires, soit par voie de réglementation, soit par voie de mesure individuelle, à faire dans leurs immeubles des travaux destinés à assurer d'une façon efficace la santé non seulement des habitants, mais même des voisins.

Le Conseil d'Etat statuant sur différents recours contre les arrêtés sanitaires de la Ville de Paris a déjà donné à cette jurisprudence une extension. Les règlements peuvent aujourd'hui indiquer nombre de dispositions et de mesures que la jurisprudence antérieure eût difficilement sanctionnées ; notamment en ce qui concerne les peintures des escaliers et des corridors, les postes d'eau, les modes d'évacuation, etc., etc. (Cons. d'Et. 5 juin 1908.)

La juridiction administrative contentieuse admet également (Cons. de préf. de la Seine, 29 janv. 1906. Aff. Hongre) (1) que par voie de mesure d'assainissement il soit possible, en vertu de la loi de 1902, d'imposer l'installation du « tout-à-l'égout » en dehors de toute application de la loi du 10 juillet 1894 relative à l'écoulement direct, que la jurisprudence antérieure (Cass.. 30 nov. 1903) avait déclarée dépourvue de sanction.

1. Jurisprudence des Cons. de Préf. An. 1907, p. 113.

*
* *

## *Mesures relatives aux propriétés existantes*

L'article 1er (2°) indique que le pouvoir de réglementation s'étend sur toutes les constructions.

La généralité des termes de cet article soulève l'examen d'une question essentielle relative à l'étendue des pouvoirs de réglementation du maire.

Dans la pratique, les constructions se divisent nécessairement en constructions neuves et constructions existantes.

Le bon sens veut que les mêmes règles ne soient pas applicables à ces deux natures de constructions, et le législateur, en ne donnant qu'un texte d'une généralité déconcertante, a laissé à la jurisprudence seule le soin d'établir ces distinctions. Ce sont donc les tribunaux administratifs qui détermineront les mesures les plus indispensables que le législateur aurait surtout désiré voir imposer aux propriétés existantes.

La jurisprudence a déjà fixé les bases du pouvoir réglementaire en cette matière, en établissant les règles générales suivantes :

*D'une part* pour les constructions neuves, l'étendue des mesures qui peuvent leur être imposées est limitée par les pouvoirs généraux du maire en matière de réglementation.

*D'autre part* pour les constructions existantes, les règlements peuvent prescrire des mesures qui auraient pour effet de modifier la construction ou l'aménagement des bâtiments, — sauf en ce qui concerne certaines mesures qui sont entreprises dans l'énumération de l'article 1er (2°) et qui sont relatives à l'alimentation en eau potable et à l'évacuation des matières usées. (Cons. d'Et., 5 juin 1905 et 17 janv. 1908.) Cette question est d'ailleurs étudiée plus spécialement au chapitre de l'agglomération) (1).

***

### *Examen de l'efficacité des mesures prescrites*

La loi de 1902, trop souvent muette sur les questions les plus controversées, n'a pas cherché par la généralité de ses termes à éteindre les discussions interminables qui naîtront forcément de l'exécution même des prescriptions imposées dans l'intérêt de la santé publique.

Un propriétaire peut toujours prétendre aujourd'hui — comme avant la loi de 1902 — que la mesure qui lui est imposée est plus onéreuse et ne présente pas plus d'efficacité que toute autre mesure qu'il préconise. Et la jurisprudence du Conseil d'E-

1. Voir p. 139 et sq.

tat et de la Cour de cassation, déniant à l'autorité sanitaire le droit d'imposer aux propriétaires un moyen exclusivement obligatoire alors qu'il en existait ou pouvait exister d'autres également efficaces pour atteindre le but poursuivi (Cons. d'Et., 25 mars 1887, 26 juil. 1889. — Cass., 28 juil. 1893. 3. 1901. 1. 377), recevra encore aujourd'hui son application.

Si une notable différence existe, c'est moins en vertu du texte défectueux de la loi de 1902 que de son esprit général qui inspire forcément la jurisprudence. Il ne suffira plus comme autrefois d'indiquer que des procédés plus ou moins empiriques existent à côté de ceux prescrits par l'administration, il faudra que l'efficacité des moyens qui seront opposés résulte de l'évidence, du simple bon sens, ou de preuves ayant un caractère d'authenticité indiscutable.

La jurisprudence qui devra faire la distinction entre les maisons à construire et les maisons existantes, devra tenir compte aussi des mesures d'hygiène que la loi elle-même considère comme indispensables, notamment les prescriptions relatives à l'alimentation en eau potable, ou à l'évacuation des matières usées. Il y a là deux dispositions précises essentiellement visées dans la loi, qui n'admet pas qu'un immeuble puisse être salubre s'il n'est pas relié à la conduite d'eau potable et au système général d'évacuation des eaux usées de toute la commune. Le maire pourra sur ces deux objets édicter des prescriptions qui seront obligatoires même pour les tribunaux.

Mais en dehors de ces deux hypothèses, la jurisprudence est restée même depuis la loi de 1902 en quelque sorte hypnotisée par la question de la plus ou moins grande efficacité des mesures prescrites, aussi bien en ce qui concerne le pouvoir de réglementation qu'en ce qui concerne la prescription de mesures.

Les règlements sanitaires devront donc se borner à prescrire les conditions destinées à assurer la salubrité. Ils ne pourront obliger, par exemple, l'emploi de moyens ou d'objets déterminés lorsque d'autres seraient suffisants.

C'est dans cet esprit que le Conseil d'Etat a annulé la partie du règlement du préfet de la Seine qui prescrivait l'emploi de procédés déterminés pour l'évacuation des eaux usées tels que le système de la « chasse d'eau » (Cons. d'Et., 5 juin 1908, 1re espèce 12e considérant), ou l'emploi de matériaux déterminés pour les voies privées. Sur ce point, l'arrêt du Conseil d'Etat du 5 juin 1908 dit expressément : « Considérant que si le préfet pouvait prescrire, en ce qui concerne les voies privées, l'usage de matériaux présentant toute garantie au point de vue de la salubrité et de la sécurité de la circulation, il n'avait pas le droit d'exiger que ces matériaux fussent équivalents à ceux employés pour les voies publiques... »

Ce même arrêt donne d'ailleurs au préfet le droit

d'exiger par son règlement que les matériaux à employer dans certaines parties des habitations et des locaux soient imperméables. Il laissera le propriétaire libre de choisir les matériaux qu'il entend employer, pourvu qu'ils présentent un caractère d'étanchéité suffisant.

Dans une autre décision du 5 juin 1908, le Conseil d'Etat appelé à statuer sur les prescriptions de l'ordonnance sanitaire du préfet de police du 1er juillet 1905, interprète en les atténuant certains articles de cette ordonnance pour n'y laisser subsister que le caractère visant la recherche de la salubrité sans imposer des prescriptions attentatoires à la liberté des moyens à employer. C'est ainsi qu'il explique « qu'en exigeant que le sol des chambres soit imperméable, le préfet de police a entendu seulement qu'il devait présenter un caractère d'étanchéité suffisant », qu'en exigeant que les peintures des corridors, paliers, escaliers et cabinets d'aisances soient d'un ton clair, l'ordonnance « n'a d'autre but que de permettre d'en contrôler facilement la propreté ».

Comme pour la réglementation, la prescription de mesures individuelles devra s'appuyer sur leur efficacité. Pour demander et pour obtenir avec certitude l'exécution d'une mesure sanitaire, le maire ne devra pas se contenter d'indiquer que cette mesure a pour effet de remédier à l'insalubrité d'un immeuble, mais il devra établir qu'elle constitue le seul moyen véritablement efficace.

C'est dans ce sens que la jurisprudence s'est prononcée dans les hypothèses suivantes :

Si de l'examen de la demande il ressort qu'à côté de la mesure prescrite il s'en présente une autre dont l'efficacité ne semble pas douteuse, cette demande n'est pas sanctionnée. C'est ce qu'indique un jugement du tribunal de simple police de Bordeaux du 11 février 1905 ainsi conçu :

Attendu que si les maires ont le droit de prescrire toutes les mesures locales sur les objets confiés à leur autorité et à leur vigilance, mesures qui embrassent tout ce qui concerne la salubrité, la sécurité des habitants et le maintien du bon ordre, ils doivent laisser aux intéressés le choix entre les divers moyens de se conformer à ces obligations et s'abstenir d'imposer à l'exercice du droit de propriété des restrictions non commandées par l'intérêt général ;

Attendu que, par application de ce principe, la Cour de Cassation et le Conseil d'Etat ont constamment décidé que les maires ne peuvent, en réglant les conditions de leurs arrêtés, prescrire des travaux déterminés et en fixer eux-mêmes la nature et l'importance, s'il existe des moyens tout aussi efficaces et moins onéreux d'atteindre le résultat ;

Attendu, par suite, qu'il ne saurait être douteux que l'arrêté de M. le maire de Bègles, qui enjoignait au sieur Faure de combler le fossé de Saint-Maurice, alors qu'il existe des moyens tout aussi efficaces de faire disparaître les causes d'insalubrité relevées dans les considérants de l'arrêté (notamment par le curage de ce cours d'eau qui avait été d'ailleurs réclamé par le sieur Faure et admis en principe par M. le préfet de la Gironde) constitue une atteinte au droit de propriété et qu'en ne l'exécutant pas le prévenu n'a commis aucune contravention...

Si l'examen de la demande n'établit pas que la mesure prescrite puisse être la seule efficace, le Conseil d'Etat statuant au contentieux sur le recours d'un propriétaire charge un expert vérificateur de rechercher si d'autres mesures ne pourraient être substituées à celle prescrite. (Conseil d'Etat, 17 janv. 1908.)

Si enfin la demande établit nettement qu'une mesure, même onéreuse pour le propriétaire, a été prescrite comme le seul moyen de remédier à l'insalubrité d'un immeuble, cette mesure est alors purement et simplement sanctionnée malgré son importance. (Cons. de Pr. de la Seine, 29 janv. 1906. Aff. Hongre).

Cette discussion sur l'efficacité plus ou moins grande des travaux d'hygiène qui sont prescrits, et qui va se produire chaque fois, soit devant le juge des excès de pouvoirs, soit devant le juge du contentieux administratif, soit devant le juge de la contravention, aurait pu être évitée si le législateur s'était mieux rendu compte de toutes les difficultés d'application qui sur ce point paralysent l'action du maire.

En instituant des commissions sans le concours desquelles il est impossible au maire de prescrire des mesures et d'ordonner l'exécution de travaux, et en obligeant ces commissions à entendre les observations des intéressés, il paraissait superflu d'organiser une nouvelle procédure de recours véritablement frustratoire. Ce recours devant le contentieux administratif — dû à des amendements de séance — aura trop souvent pour résultat bizarre de faire contrôler par un expert-vérificateur plus ou moins compétent ce que peut-être trois commissions composées d'ingénieurs et d'hygiénistes expérimentés auront reconnu, après avoir entendu l'intéressé, comme étant le procédé le plus efficace pour satisfaire d'après un plan d'ensemble à des règles générales d'hygiène qu'il appartient à ces commissions de sauvegarder dans l'intérêt supérieur de la santé publique.

Connaissant ces difficultés, le maire qui voudra faire œuvre utile devra veiller avec le plus grand soin à la préparation des mesures réglementaires ou individuelles. Il se trouve aujourd'hui assisté d'inspecteurs, d'un bureau d'hygiène, d'une commission sanitaire, et le plus souvent du conseil départemental d'hygiène ; il est entouré de toutes les compétences ; il a donc à sa disposition tous les moyens de faire une instruction complète qui lui permettra toujours d'obtenir avec certitude l'exécution de mesures sanitaires dont il aura établi par avance et par comparaison avec tous les moyens possibles l'absolue et l'unique efficacité.

On voit donc, d'après ces hypothèses qui mettent plus particulièrement en présence l'intérêt général et l'intérêt particulier, qu'un maire qui aura le culte de l'hygiène pourra donner à son autorité une réalité bienfaisante.

*
* *

*Mesures sanitaires aggravant ou violant les prescriptions de la loi*

Le maire en vertu des pouvoirs réglementaires qu'il tient de la loi de 1902 devra se maintenir dans le cadre déjà très vaste de la salubrité sous peine de voir son autorité discutée par toutes les juridictions chargées de l'application de ses règlements (1). Il ne peut, sous prétexte de protéger la santé publique et d'assurer la salubrité, ni aggraver ni violer les prescriptions de la loi.

C'est ainsi que le Conseil d'Etat, dans sa séance du 5 juin 1908, annule :

— L'interdiction contenue dans le règlement sanitaire de la Ville de Paris de déposer des « gravois » dans les voies privées, parce qu'ils ne sont pas nécessairement dangereux pour la salubrité;

— L'interdiction d'installer des cabinets d'aisances ou urinoirs à un niveau inférieur à celui de la rue vers laquelle se fait l'écoulement parce que « l'administration ne saurait se prétendre autorisée par l'intérêt de la salubrité publique à faire cette inter-

1. Voir page 139 et sq. : étude du règlement sanitaire.

diction ». L'excès de pouvoir était d'autant plus évident dans ce cas que l'administration elle-même faisait établir dans de semblables conditions des cabinets d'aisances et des urinoirs sur divers points de Paris ;

— Toutes les dispositions du décret du 13 août 1902 relatives aux voies publiques de Paris en tant qu'elles sont rendues applicables aux voies privées, parce qu'elles ne sont pas relatives à la salubrité et qu'elles concernent plutôt la conservation du domaine public.

Il a été décidé également que le maire ne peut pas, sous couvert de salubrité, exiger des logeurs une déclaration avant l'exercice de leur profession (Cons. d'Et., 5 juin 1908), ni interdire une affectation spéciale donnée à une propriété privée, l'établissement d'une garderie d'enfants par exemple. (Cass., 3 déc. 1904. D. P. 1905. 1. 290.)

Enfin le maire doit se conformer à toutes les formalités que la loi prescrit pour obtenir les avis des commissions qui sont obligatoires pour rendre ses prescriptions exécutoires et s'en remettre pour leur exécution aux procédures et aux agents que la loi a institués ou prévus. C'est dans ce sens qu'il a été décidé que le maire ne peut prescrire de travaux sans observer les formalités préalables de l'article 12 (Trib. simp. pol. de Bordeaux, 11 fév. 1905. D. P. 1905. 2. 123), ni se faire suppléer pour faire des visites ou enquêtes par des agents non prévus dans la loi de 1902 (Cons. d'Et., 5 juin 1908).

*
* *

*Pouvoir de réglementation*

L'attribution la plus importante qui est confiée au maire est celle qu'il tient de l'article 1er de la loi de 1902 : c'est l'obligation d'édicter un règlement sanitaire pour sa commune.

Il tenait le droit de réglementation des lois municipales qui viennent d'être analysées. En changeant ce droit facultatif en obligation, la loi de 1902 a complété heureusement la législation sanitaire.

Le règlement sanitaire déterminera, d'après l'article 1er de la loi du 15 février 1902 :

1° Les précautions à prendre en vertu de l'article 97 de la loi du 5 avril 1884 pour prévenir ou faire cesser les maladies transmissibles, spécialement les mesures de désinfection ou même de destruction des objets à l'usage des malades ou qui ont été souillés par eux et généralement des objets quelconques pouvant servir de véhicule à la contagion ;

2° Les prescriptions destinées à assurer la salubrité des maisons et de leurs dépendances, des voies privées closes ou non à leurs extrémités, des logements loués en garni et des autres agglomérations, quelle qu'en soit la nature, notamment les prescriptions relatives à l'alimentation en eau potable ou à l'évacuation des matières usées.

Nous avons vu qu'il n'y a là qu'une énumération indicative. Elle doit servir de guide au maire pour l'élaboration de son règlement de manière à n'omettre aucun des objets qui sont indiqués dans cet article ; mais il peut étendre les prescriptions suivant l'importance et les besoins de sa commune. Cette énumération n'est qu'un résumé succinct et incomplet des droits de police sanitaire que le maire exerce de par la volonté du législateur depuis la Révolution.

« En prescrivant pour chaque commune l'établis-
« sement par le maire d'un règlement sanitaire spé-
« cial, disait M. Cornil, rapporteur de la loi au Sénat,
« et en laissant à chaque municipalité l'initiative de
« sa confection, on a voulu respecter les convenances
« propres à chaque localité, à chaque région. »

Les besoins varient, en effet, suivant qu'il s'agit d'une commune urbaine, d'une grande ou d'une petite ville, manufacturière ou non, renfermant en majorité des ouvriers d'une industrie donnée, située au bord de la mer ou d'un grand fleuve, ou au contraire dépourvue de cours d'eau, ou d'une commune exclusivement rurale, peu peuplée, avec une population disséminée seulement dans des hameaux ou de petites agglomérations agricoles ou dans des fermes isolées. On comprend, sans qu'il soit nécessaire de le dire, que la sévérité réglementaire indispensable dans les grandes cités, dans les villes peuplées d'ouvriers, au voisinage des manufactures, s'atténuera lorsqu'il sera question de petites villes au-dessous de 5.000 habitants ou de communes exclusivement vouées à l'agriculture. Tandis que dans les premières, en effet, les épidémies peuvent se propager avec une intensité en rapport direct avec la densité de la population qui crée des contacts constants et répétés et peut faire de terribles ravages, dans les petites communes, au contraire, l'éloignement des habitations les unes des autres, la vie au grand air, le travail des champs constituent déjà d'excellentes conditions de santé individuelle et de difficultés de transmission des maladies épidémiques.

Ce n'est pas à dire pour cela que l'ouvrier des villes ne puisse pas être garanti contre toute influence nocive extérieure aussi bien que celui de la terre. Les efforts des hygiénistes, si bien secondés par les administrations communales des grands centres et par les tentatives des sociétés de constructions ouvrières, doivent tendre, au contraire, à donner aux familles ouvrières des habitations aussi salubres, aussi bien disposées au point de vue de l'aération, de la distribution d'eau potable et de l'évacuation des matières usées que les maisons les plus confortables et les plus luxueuses. C'est, en réalité, pour améliorer les conditions de l'hygiène des quartiers, des rues, des cités et des maisons habitées par des ouvriers que cette loi est surtout utile. Les quartiers neufs, les maisons occupées par la population aisée des villes sont le plus souvent pourvus des installations les meilleures, les mieux conçues suivant tous les récents progrès du génie sanitaire ; il n'en est malheureusement pas de même des quartiers excentriques, des vieilles maisons où manquent l'air et l'eau ; c'est là que devront porter tout particulièrement les soins des municipalités et du service de l'hygiène institué par la présente loi.

Dans les communes agricoles, la réglementation ne sera pas inutile, mais elle s'appliquera à des besoins différents. Les mesures les plus importantes à la campagne auront trait à la disposition des fosses à fumier ou à purin, par rapport aux habitations, aux dangers qui peuvent résulter du voisinage des étables et écuries, des fosses à rouissage du chanvre, des marais, étangs, etc.

Le ministre de l'Intérieur a préparé, après avis du Comité consultatif d'hygiène de France, deux modèles de règlements, le premier pouvant s'appliquer aux villes, bourgs et agglomérations urbaines, le second aux communes ou parties de communes rurales. Mais pour montrer que ces règlements types n'avaient pour but d'enlever aux maires aucune de leurs prérogatives, le ministre en les adressant aux préfets s'exprimait ainsi :

« Ces règlements modèles ne constituent, comme leur nom l'indique, que des moyens de travail mis à la disposition des administrations communales. La forme n'en est pas obligatoire. Chaque municipalité adoptera en ces circonstances les prescriptions qui y sont formulées. Elle pourra adopter aussi le texte même du modèle. Aucune d'ailleurs n'oubliera que l'objet de certaines dispositions est essentiel et ne saurait être passé sous silence dans la réglementation à faire sans que celle-ci cessât d'être conforme à la loi. Le texte de l'article 1er est à cet égard explicite. L'arrêté qui négligerait de donner satisfaction à une partie quelconque de ce texte exposerait la municipalité à la sanction établie par l'article 2, lequel autorise le préfet à imposer d'office à la commune une réglementation conforme à la loi. »

Ce qui ressort de l'examen de l'article 1er de la loi de 1902, c'est que le maire a l'obligation et non la faculté d'établir un règlement sanitaire, et que cette obligation s'étend nécessairement à tous les objets indiqués dans cet article. La loi de 1902 a ainsi établi le principe de l'obligation de l'établissement d'un règlement visant un certain nombre de matières bien déterminées.

Quant aux dispositions à édicter sur chaque objet qu'il réglemente, le maire en est seul juge et seul maître ; son droit n'a d'autres limites que celles que lui indique la prévoyance à la fois la plus élémentaire et la plus raisonnée (1). Toutefois si son droit

1. Le maire, lorsqu'il édicte des mesures réglementaires ou des mesures individuelles, est à l'abri de tout recours personnel

de réglementation paraît absolu il n'a cependant pas de pouvoirs illimités ; car si important qu'il soit, l'intérêt de la santé publique n'est pas une raison d'Etat à laquelle d'autres intérêts non moins respectables doivent être sacrifiés. Aussi M. Cornil dans son rapport au Sénat disait expressément (p. 18) : « Les pouvoirs conférés aux maires en matière d'hygiène sont limités par l'obligation de respecter les principes du droit public, c'est-à-dire la liberté individuelle, la liberté du commerce, de l'industrie et de la propriété. » Et l'arrêt du Conseil d'Etat du 5 juin 1908 statuant sur le premier recours pour excès de pouvoir formé contre un règlement sanitaire, après avoir rappelé les droits du pouvoir réglementaire, ajoute cependant : « que les seules restrictions apportées à l'exercice de ces pouvoirs de réglementation sont celles qui résultent de la nécessité de concilier les intérêts primordiaux de la santé publique avec le respect dû aux droits de propriété et à la liberté de l'industrie ».

Si le maire est qualifié pour inscrire toute la réglementation qu'il lui plaît au règlement sanitaire, ses pouvoirs n'ont rien d'arbitraire, car lors-

des particuliers, car il agit dans l'exercice de ses fonctions et en qualité de représentant de la puissance publique. Un arrêt de la Cour d'Aix du 4 juillet 1907 (D. P. 1907. 5. 42) s'est notamment déclaré incompétent pour connaître d'une action en dommages-intérêts dirigée contre un maire à raison des conséquences des mesures prises par lui, conformément à la loi du 5 février 1902, en vue de la désinfection d'un immeuble contaminé.

qu'il aura fait un usage abusif de ses pouvoirs, s'il introduit dans son règlement sanitaire des dispositions fantaisistes, attentatoires au droit de propriété, contraires à quelque principe du droit public ou au respect dû au droit privé, sa réglementation pourra être annulée ou dénuée de sanction suivant qu'elle sera soumise à l'examen du juge des excès de pouvoir, du juge du recours ou du juge chargé de la répression.

Les pouvoirs de réglementation sanitaire du maire vont donc passer, dans leur application, au crible d'une série d'examens multiples par les autorités, les commissions et les juridictions qui, chacune suivant leur compétence, auront qualité pour faire le dosage des sacrifices qu'on peut demander aux droits individuels dans l'intérêt de l'hygiène et de la collectivité et empêcheront tout arbitraire et toute exécution forcée, inutile ou frustratoire. Les règlements sanitaires communaux sont d'ailleurs avant leur exécution soumis à l'examen du conseil municipal et du conseil départemental d'hygiène, à l'approbation du préfet, et, au cours et à l'occasion de leur exécution, au Conseil d'Etat juge des excès de pouvoir, au tribunal de simple police ou au tribunal correctionnel, statuant contraventionnellement, enfin au conseil de préfecture et en appel au Conseil d'Etat statuant sur des mesures individuelles même prises en vue de l'exécution du règlement sanitaire.

Le règlement sanitaire, d'après l'article 1er, ne doit être pris qu'après avis du conseil municipal. Le maire doit donc soumettre son règlement au conseil municipal, mais l'avis de ce conseil ne lie pas le maire qui reste libre de maintenir le texte du règlement tel qu'il l'a préparé ; car c'est au maire seul qu'appartient le pouvoir réglementaire et l'avis du conseil municipal n'est qu'une consultation obligatoire. (Déclaration formelle à la séance du Sénat, du 10 décembre 1900.)

Si même le conseil municipal refuse de donner son avis, le maire peut passer outre, mais après mise en demeure formelle du conseil municipal (par analogie avec l'interprétation de l'article 10 de la loi du 5 avril 1884 sur les cas où les conseils municipaux sont appelés à donner leur avis conformément aux lois et aux règlements).

L'intervention du conseil municipal permet à l'assemblée communale de collaborer à la confection du règlement et de lui donner ainsi plus de force que s'il était laissé à l'arbitraire d'un seul.

Le règlement est ensuite soumis à l'examen de la commission sanitaire de la circonscription et du conseil d'hygiène départemental, mais l'avis de ces deux assemblées ne lie pas davantage le maire seul responsable.

Les arrêtés du maire pris après ces différents avis doivent être approuvés par le préfet et deviennent obligatoires comme tous les arrêtés permanents après avoir été publiés et affichés. Ainsi donc, avant d'être exécutoires, les règlements sanitaires dus à l'initiative et au pouvoir propre du maire auront déjà subi l'examen et, s'il y a lieu, les observations du conseil municipal, de la commission sanitaire, du conseil départemental d'hygiène et du préfet. Ces différents avis offrent aux intérêts particuliers une première garantie contre l'arbitraire du maire et peuvent tempérer les mesures excessives qui ne seraient guidées que par son ardeur d'hygiéniste farouche au mépris du respect dû aux droits individuels et spécialement au droit de propriété.

Cette garantie n'est pas illusoire, car il importe pour les particuliers d'être fixés sur les mesures qui peuvent être prescrites dans un règlement sanitaire et dont par suite l'application peut leur être demandée, sinon obtenue. Sans doute, les intéressés ne peuvent craindre de se voir imposer d'office l'exécution de travaux indispensables pour satisfaire aux exigences du règlement, mais ils peuvent, aux termes de l'article 27 de la loi de 1902, se voir dresser procès-verbal et condamner à une amende par le tribunal de simple police par le seul fait qu'ils sont en contravention avec ce règlement. C'est ce que vient de décider la Cour de cassation dans un arrêt du 1er février 1908 rendu dans une espèce où ni le particulier ni le tribunal ne contestaient la légalité des mesures prises par le maire en vertu de son pouvoir réglementaire. Cet arrêt de la Chambre criminelle de la Cour de cassation intervenu à l'occasion d'une contravention aux prescriptions du règlement sanitaire de la ville du Havre a cassé un jugement du tribunal de simple police par la raison principale que la simple inobservation dûment constatée des prescriptions d'un règlement sanitaire constituait une contravention sur laquelle il devait être statué indépendamment, avant même l'application de toute la procédure organisée par les articles 12 et suivants qui peuvent seuls, à notre avis, aboutir à l'exécution d'office de travaux.

« Attendu, dit cet arrêt, qu'il s'agissait dans l'espèce, d'une infraction à l'une des prescriptions au règlement sanitaire du Havre qui a été prise conformément à l'article 1er de la loi de 1902, que la poursuite de ladite contravention n'était point, dès lors, subordonnée à l'accomplissement des formalités exigées par l'article 12. »

Les particuliers n'ont pas à redouter que le tribunal de simple police leur impose d'office l'exécution de travaux, car cette juridiction n'a qualité que pour prononcer une amende lorsque la procédure de l'article 12 n'a pas été employée, mais ils peuvent redouter, par le seul fait qu'une prescription qui doit nécessiter pour eux l'exécution de travaux est inscrite au règlement sanitaire, que l'on emploie vis-à-vis d'eux la procédure de l'article 12 qui leur occasionnera des ennuis, par suite de toutes les enquêtes, des dérangements pour assister aux séances des commission sanitaire et conseil départemental d'hygiène, des voies de recours devant les tribunaux administratifs, etc.

Enfin les particuliers peuvent craindre l'application de l'article 3 de la loi de 1902 qui permet aux préfets en cas d'urgence d'ordonner l'exécution immédiate et sans aucune discussion possible de travaux pouvant s'élever à des sommes considérables par le seul fait qu'ils résultent de prescriptions inscrites dans le règlement sanitaire.

Les particuliers ont donc intérêt, pour ne pas demeurer indéfiniment dans l'incertitude sur les mesures ou les travaux qui peuvent leur être demandés ou prescrits, à saisir le Conseil d'Etat par voie de recours pour excès de pouvoir des prescriptions du règlement sanitaire municipal sur les points sur lesquels ils estiment que leurs droits peuvent être lésés.

Le Conseil d'Etat, saisi déjà sous la forme de la procédure pour excès de pouvoir de nombreux règlements sanitaires, a admis le pourvoi de particuliers et a annulé certaines dispositions contenues tant dans l'arrêté du préfet de la Seine que dans l'ordonnance du préfet de police, par ses arrêts en date du 5 juin 1908. Le juge du tribunal de simple police, de son côté aussi chargé de statuer sur une contravention qui peut être encourue en cas de manquement à l'une quelconque des prescriptions du règlement sanitaire, dont l'exécution n'aura pas été demandée et obtenue par la procédure individuelle de l'article 12, pourra, avant de prononcer la pénalité contraventionnelle encourue, examiner si la mesure réglementaire est légale.

Le juge de police, s'il ne peut sans commettre un excès de pouvoir et sans violer les lois des 16-24 août 1790 (art. 13) et 16 fructidor an III annuler les arrêtés administratifs, ni même en discuter la convenance ou en refuser l'application sous prétexte qu'ils sont nuisibles, inopportuns ou d'une exécution plus ou moins difficile (Cass., 31 janvier 1890. — 29 novembre 1900), peut du moins vérifier la légalité de ces actes, et rechercher en conséquence, si les dispositions réglementaires qu'il est appelé à sanctionner par l'application d'une peine ont été prises par l'autorité de laquelle elles émanent dans les limites légales de sa compétence. (Cass. 23 janv. 1892. — 22 juillet 1899. — 29 nov. 1900.) Il appartient notamment au juge de police d'examiner si les formalités substantielles à l'accomplissement desquelles la force exécutoire des dispositions est subordonnée ont été régulièrement observées (Cass., 10 mars 1893 et 29 juillet 1893. — 21 décembre 1901) — (rapport de M. le sénateur Cornil sous l'article 14 de la loi du 15 février 1902. D. P. 1902. 4.45. Col. 1 et 2) et de rechercher si notamment l'acte administratif respecte la législation existante et les principes du droit public, c'est-à-dire la liberté individuelle de l'industrie et de la propriété.

Et ce droit de vérification, qui tient à l'ordre public est absolu, il doit être exercé toujours et dans tous les cas (Cass., 22 juillet 1899), même d'office ; il n'est nullement subordonné à l'obligation, pour le prétendu contrevenant, de discuter préalablement devant l'autorité administrative la légalité des dispositions contenues dans le règlement et d'en obtenir d'elle la réformation (Cass., 3 mai 1833, Cons. d'Etat, 23 janvier 1901).

Cependant, une fois la contravention reconnue, le droit de vérification du tribunal de simple police ne va pas jusqu'à examiner le fond de l'affaire, notamment rechercher ou faire rechercher par des expertises ou enquêtes si les travaux réclamés sont plus ou moins nécessaires, si d'autres ne pouvaient pas leur être substitués, ces questions ayant été réservées à la compétence exclusive des tribunaux administratifs. (Voir en sens contraire le jugement du tribunal de simple police de Bordeaux du 11 fév. 1905, cité *supra*.)

Enfin, le conseil de préfecture et, en appel, le Conseil d'Etat statuant au contentieux sur le recours du propriétaire, peuvent également examiner la légalité des mesures ordonnées et rechercher si elles dépassent la limite des pouvoirs de réglementation.

Il importe donc que le maire ne dépasse pas dans ses arrêtés les droits de réglementation qui seraient susceptibles d'être modifiés plus tard par les décisions du juge des excès de pouvoir, de la contravention ou du recours contentieux.

*
* *

Le *règlement sanitaire de Paris*, en raison du partage de compétence établi entre le préfet de la Seine et le préfet de police par l'arrêté des consuls du 12 messidor an VIII, le décret du 10 octobre 1859, la loi du 15 février 1902 modifiée dans ses articles 22 et 23 par la loi du 7 avril 1903, se compose d'un arrêté du préfet de la Seine et d'une ordonnance du préfet de police qui portent l'un et l'autre la date du 22 juin 1904, et relatifs chacun aux matières ressortissant à la compétence de leurs auteurs. En outre, une ordonnance sanitaire du préfet de police en date du 1er juillet 1905 a codifié dans un même acte tous les textes relatifs aux logements loués en garni, en reproduisant intégralement toute la partie de l'ordonnance sanitaire du 22 juin 1904 concernant les appartements loués en garni.

Le préfet de la Seine a dans ses attributions :

1° tout ce qui concerne la salubrité des habitations et de leurs dépendances, sauf les logements loués en garni;

2° la salubrité des voies privées closes ou non closes à leurs extrémités ;

3° le captage et la distribution des eaux;

4° la désinfection et le transport des malades.

Le préfet de police a dans ses attributions :

1° la salubrité de la voie publique dans ses rapports avec la commodité et la sûreté de la circulation ;

2° la surveillance, au point de vue sanitaire des garnis ;

3° les précautions à prendre pour prévenir ou faire cesser les maladies transmissibles ;

4° les contraventions relatives à la vaccination.

Les maires des communes du département de la Seine autres que Paris exercent leurs attributions sanitaires sous l'autorité, soit du préfet de la Seine, soit du préfet de police, suivant les distinctions faites pour les pouvoirs de ces préfets par les articles 22 et 23 de la loi de 1902, tels qu'ils ont été modifiés par la loi du 7 avril 1903. Dans ces communes, les maires devront prendre deux règlements sanitaires ; l'un sera approuvé par le préfet de la Seine, et l'autre par le préfet de police.

L'étude de la législation et de la jurisprudence antérieures à la loi de 1902 nous montre que si l'on reconnaissait au maire pleins pouvoirs pour réglementer tout ce qui touche à l'hygiène et à la salubrité publique, dans la pratique on lui marchandait les moyens d'aboutir.

L'étude comparative de la loi de 1902 et de la nouvelle jurisprudence nous montre, d'autre part, que si cette loi n'a pas sensiblement augmenté les pouvoirs généraux du maire, elle a néanmoins augmenté ses devoirs et par corrélation nécessaire elle lui a indiqué, sinon donné, les moyens de les remplir, s'il veut ne s'attacher qu'à des mesures dont l'efficacité ne serait pas douteuse.

La loi de 1902 est l'outil de travail qui manquait au maire, et qui lui permettra, en s'appuyant sur les données de la jurisprudence, c'est-à-dire en connaissance de la limite de ses droits, d'édicter et d'appliquer un règlement sanitaire, qui, sans léser aucun intérêt légitime, sera la sauvegarde de la santé publique.

*
* *

### *Sanctions du règlement sanitaire*

L'inexécution ou la violation des règlements sanitaires est, comme celle des règlements de police ordinaire, accompagnée de sanctions, et l'une des innovations les plus heureuses, de la loi de 1902, a été justement de les préciser, de les aggraver, de donner à la loi, par ce seul fait, toute son efficacité.

Les sanctions qui ont pour but d'obtenir la stricte application de la loi, peuvent se diviser en deux catégories principales correspondant à deux procédures de coercition distinctes et aboutissant à des résultats différents :

1° une procédure pénale aboutissant au prononcé d'amende ;

2° une procédure d'exécution d'office qui a pour but soit l'exécution de travaux nécessaires pour faire cesser la contravention, soit l'exécution de travaux prescrits pour sanctionner les mesures individuelles.

*Pénalités.* — Les pénalités consistent en amendes. Une amende de 16 à 500 francs est prévue par le paragraphe 7 de la loi de 1902 contre quiconque aura construit une habitation sans le permis du maire.

Une amende prononcée dans les conditions de l'article 471 § 15 du Code pénal est prévue, aux termes du paragraphe 1er de l'article 27, contre quiconque aura contrevenu aux prescriptions du règlement sanitaire ou aura agi en violation des articles 5, 6, 7, 8 et 14 de la loi de 1902.

L'article 27 ne modifie rien en ce qui concerne l'amende de 50 à 200 francs prévue par la loi du 30 novembre 1892 contre le docteur en médecine qui omet de faire les déclarations auxquelles il est astreint.

L'amende de l'article 471 § 4 du Code pénal est prononcée par le tribunal de simple police, indépendamment des mesures de coercition qui peuvent être réclamées. Le juge du tribunal de simple police n'a pas à se préoccuper, lorsqu'il est saisi d'un procès-verbal de contravention pour manquement à une prescription du règlement sanitaire, de la question de savoir si l'administration a ou non l'intention de recourir par la suite à la procédure de coercition instituée par l'article 12 qui est indispensable pour obtenir l'exécution d'office mais qui n'est pas nécessaire pour motiver la condamnation à l'amende (cassation, 1er février 1908, arrêt décidant que la poursuite d'une contravention pour infraction à un règlement sanitaire n'est pas subordonnée à l'accomplissement des formalités exigées par l'article 12).

*Moyens de coercition.* — Lorsque l'administration veut obtenir l'exécution de travaux qu'elle juge indispensables pour assurer la salubrité, elle doit recourir nécessairement et toujours à la procédure instituée par l'article 12 de la loi de 1902 ; elle doit y recourir dans tous les cas, dans toutes les hypothèses, qu'il s'agisse d'un simple manquement à une prescription du règlement sanitaire ou à une prescription édictée pour supprimer une cause d'insalubrité spéciale, même non prévue par le règlement sanitaire.

La procédure d'exécution est identiquement la même pour la sanction des prescriptions du règlement sanitaire et pour l'exécution des mesures individuelles non ordonnées par ce règlement. C'est la seule qui puisse être employée comme moyen de coercition, soit pour obtenir l'exécution de travaux prévus ou non au règlement sanitaire (tribunal de simple police de Bordeaux, 11 février 1905. D. P. 1905. 2. 123. — Cass., 3 décembre 1904. D. P. 1905. 1. 290), soit qu'il s'agisse d'obtenir l'interdiction d'habitation de maisons existantes, ou de maisons neuves construites conformément ou non aux indications prescrites par le règlement sanitaire.

Lorsque l'arrêté du maire pris en vertu de l'article 12 est devenu exécutoire, le tribunal de simple police qui est saisi lorsqu'il s'agit de l'exécution de travaux, doit autoriser le maire à faire cette exécution d'office aux frais du propriétaire ; le tribunal peut aussi appliquer l'amende prévue par l'article 471 du Code pénal pour inexécution dans le délai prescrit par l'arrêté individuel. D'autre part, si l'amende avait déjà été prononcée pour infraction au règlement sanitaire antérieurement à l'application de la procédure de l'article 12, elle ne saurait être prononcée une seconde fois (*non bis in idem*), lorsque le juge de paix est chargé d'ordonner l'exécution d'office des travaux en vertu d'un arrêté du maire pris conformément à l'article 12 ne visant exclusivement que les travaux déjà indiqués au règlement et dont l'inexécution a motivé le premier procès-verbal.

Lorsque les délais d'exécution de travaux prescrits en suite de la procédure de l'article 12 sont expirés, il y a une nouvelle contravention par le seul fait que le propriétaire ne s'est pas conformé à l'arrêté municipal pris en vertu de l'article 12, et, en ce cas, l'article 14 édicte une amende qui doit être prononcée :

1° Par le tribunal de simple police par application

de l'article 471 § 15 du Code pénal, lorsqu'il s'agit d'exécution de travaux d'office ;

2° Par le tribunal correctionnel par application de l'article 14 § 2 de la loi de 1902, qui fixe une amende de 16 à 500 francs lorsqu'il s'agit d'interdiction d'habitation.

De ces dispositions il résulte qu'il appartient au tribunal de simple police d'autoriser le maire à faire exécuter les travaux d'office et au tribunal correctionnel d'autoriser le maire à faire expulser les occupants d'un immeuble.

Dans le cas où la procédure de l'article 12 a été employée, soit pour ordonner des travaux, soit pour prononcer une amende, le juge de simple police n'a plus à examiner la légalité du règlement du maire, puisque les poursuites dans ce cas auront été faites et l'instruction aura été poursuivie devant les différentes commissions ou juridictions moins pour obtenir l'exécution du règlement sanitaire qui a servi seulement de guide, que pour faire cesser une cause spéciale d'insalubrité notoire. Dans cette hypothèse, en effet, ce sont les commissions sanitaires d'une part, ce sont les tribunaux administratifs d'autre part, qui ont qualité pour examiner la légalité et l'opportunité des mesures à prescrire qui ne sont pas obligatoirement conformes aux prescriptions du règlement. Le tribunal de simple police n'a alors qualité que pour réprimer la contravention en cas d'inexécution des mesures prescrites et pour autoriser leur exécution d'office. Il pourra néanmoins en vertu des pouvoirs généraux du juge chargé de réprimer la contravention, rechercher si les formalités substantielles à la suite desquelles la contravention a été constatée ont été observées.

Le juge de la contravention, avant d'ordonner d'office les travaux ou l'expulsion de l'habitant, a qualité pour accorder des délais qui ne peuvent sans doute avoir pour objet de faire acquitter le prévenu, mais qui peuvent faire modérer l'amende si les mesures prescrites ont été exécutées à l'expiration du terme consenti.

Le maire qui, par son rapport sur une cause d'insalubrité, a commencé la procédure est enfin également chargé de l'exécution des jugements relativement aux réparations civiles ; il lui appartient de poursuivre après le jugement l'exécution des travaux ou l'interdiction de l'habitation. Il a toute latitude pour poursuivre cette exécution complète ou pour y renoncer en tout ou partie s'il estime que l'intérêt supérieur de la salubrité n'est plus en jeu, mais il ne devrait user de cette faculté qu'avec la plus extrême réserve.

Les maires, les membres des commissions sanitaires et ceux des conseils départementaux d'hygiène ont le droit de pénétrer dans les immeubles, et ceux qui mettraient obstacle à leur mission seraient passibles des peines portées à l'article 29 de la loi de 1902.

Ces membres sont comme tous citoyens chargés d'un service public protégés contre les outrages, les violences et les voies de fait, en vertu des articles 224, 230 à 233 du Code pénal. (Jugement du tribunal correctionnel de la Seine, 25 août 1894, condamnant un propriétaire qui avait insulté un membre de la commission des logements insalubres dans l'exercice de ses fonctions.)

Le maire ne peut se faire suppléer pour faire des visites ou enquêtes que par des agents qui tiennent leur pouvoir de la loi de 1902, et le maire dans son règlement sanitaire ne peut créer d'autres catégories d'agents que ceux dont la création est indiquée ou prévue par la loi de 1902. (Conseil d'Etat, 5 juin 1908.)

La loi de 1902 dans son article 2 encourage les communes à se syndiquer conformément aux prescriptions de la loi du 22 mars 1890, lorsqu'elles sont trop faibles, trop mal outillées ou trop pauvres pour leur permettre de satisfaire plus aisément aux prescriptions sanitaires obligatoires. Il existe, en effet, un grand nombre de communes qui n'ont qu'un chiffre très faible de population, puisque la moitié des communes de France possède moins de 500 habitants. Les travaux d'hygiène intercommunaux qui pourront utilement être faits par les syndicats de communes seront, par exemple, les travaux d'assainissement d'une région, d'un cours d'eau, travaux d'adduction d'eau potable, d'égouts pour l'évacuation des matières usées.

Les conseils municipaux intéressés doivent demander la création de l'association qui est autorisée par un décret rendu en Conseil d'Etat.

Le syndicat est administré par un comité composé de deux délégués par commune. C'est le comité qui rédige le règlement sanitaire qui est soumis aux conseils municipaux intéressés et aux conseils sanitaire et d'hygiène et approuvé par le préfet.

## 2° Du Conseil Général

C'est le conseil général qui doit organiser les services d'hygiène dans le département.

Après avis du conseil d'hygiène départemental, c'est lui qui divisera le département en circonscriptions sanitaires, fixera la composition, le mode de fonctionnement et les dépenses des commissions sanitaires et du conseil départemental d'hygiène, et organisera un service de contrôle ou d'inspection si le préfet le juge nécessaire. Le rôle essentiel du conseil général consistera, au moment de l'établissement du budget, dans le vote des crédits nécessaires au bon fonctionnement des différents services d'hygiène qui — comme la désinfection par exemple — sont à la charge du département.

### 3° Du Préfet

En matière de salubrité et d'hygiène, le préfet peut intervenir toujours soit au moment où le maire prend le règlement sanitaire, soit au moment où il l'applique.

Son pouvoir est basé tant sur la loi du 5 avril 1884 (art. 85, 95, 99) que sur la loi de 1902. Il l'exerce en vertu de son droit de contrôle qui lui permet d'annuler et de suspendre l'exécution des arrêtés municipaux (1), soit en vertu de son droit de se substituer au maire et de remplir d'office les attributions qui lui sont dévolues en cas d'inertie ou de mauvais vouloir de sa part. En effet, l'article 99 de la loi du 5 avril 1884 stipule que « les pouvoirs qui appartiennent au maire en vertu de l'article 91, ne font pas obstacle au droit du préfet de prendre pour toutes les communes du département ou plusieurs d'entre elles, et dans tous les cas où il n'y aurait pas été pourvu par les autorités municipales, toutes mesures relatives au maintien de la salubrité, de la sûreté et de la tranquillité publiques. Ce droit ne pourra être exercé par le préfet à l'égard d'une

1. Aux termes de l'art. 2 de la loi de 1902 le règlement sanitaire est soumis pour exécution àr l'appobation du préfet qui pourra l'annuler s'il le juge contraire aux lois ou aux intérêts qu'il a mission de faire respecter (L. 1884, art. 5).

seule commune qu'après une mise en demeure au maire restée sans résultats. »

L'article 2 de la loi de 1902 rappelle le droit conféré au préfet de pouvoir se substituer au maire négligent ou de mauvaise volonté pour prendre, après invitation restée sans effet, les arrêtés locaux que peut exiger l'intérêt de la salubrité. « Les règlements sanitaires communaux ne font pas obstacle, dit cet article, aux droits conférés au préfet par l'article 99 de la loi du 15 avril 1884. »

La loi de 1902 a fait même une obligation au préfet d'agir aux lieu et place du maire et d'imposer d'office un règlement sanitaire aux communes qui ne se seraient pas mises en règle dans le délai d'un an à partir de sa promulgation.

Agissant aux lieu et place du maire,le préfet a le droit : de constater l'urgence, après mise en demeure au maire de prendre un arrêté, avant d'ordonner l'exécution immédiate de mesures urgentes prescrites par le règlement sanitaire ; de saisir, à défaut du maire, la commission sanitaire par un rapport sur l'état d'insalubrité d'un immeuble ; de procéder d'office par lui-même ou par un délégué spécial, et après avoir requis le maire, à la délivrance d'une permission de construire conformément aux prescriptions du règlement sanitaire ; de prendre enfin tous arrêtés relatifs à la salubrité publique s'appliquant à une ou plusieurs communes et même à toutes les communes du département, à défaut par le maire de prendre les mesures que peuvent comporter des circonstances exceptionnelles.

En vertu de ses pouvoirs propres et de contrôle le préfet a, notamment de par la loi de 1902, un grand nombre d'attributions.

Il approuve le règlement sanitaire municipal. L'arrêté du maire portant règlement est transmis au préfet qui doit le soumettre au conseil départemental d'hygiène. Ce conseil départemental doit donner son avis sur le règlement, mais cet avis ne lie pas le préfet qui peut ou non approuver dans sa teneur l'arrêté du maire.

Il approuve l'arrêté du maire portant interdiction partielle ou totale de l'habitation.

Il saisit, s'il y a lieu, le conseil départemental d'hygiène au cas où l'avis de la commission sanitaire est contraire aux propositions du maire relativement à l'état d'insalubrité des immeubles et il convoque les intéressés ainsi que le maire devant le conseil départemental, et notifie les décisions de ce conseil.

Il veille à l'organisation des bureaux municipaux d'hygiène et provoque un décret d'administration publique si le conseil municipal des communes où cette organisation est obligatoire n'a pas satisfait à la loi.

Il saisit le conseil départemental d'hygiène lorsque le nombre des décès dans une commune a dépassé le chiffre de la mortalité moyenne de la

France, et adresse, s'il y a lieu, la délibération de ce conseil au ministre de l'Intérieur.

Il est chargé d'organiser un service de contrôle et d'inspection s'il le juge utile et de mettre en demeure le conseil général du département de réglementer les détails et le budget de ce service.

Il nomme les membres des commissions sanitaires et des conseils départementaux d'hygiène.

Il préside le conseil départemental d'hygiène.

Le préfet de police et le préfet de la Seine ont à Paris les attributions qui sont dévolues aux maires dans les autres communes de France.

*Cas d'urgence.* — En cas d'urgence, aux termes de l'article 3 de la loi de 1902, le préfet peut ordonner l'exécution immédiate des mesures prescrites par le règlement sanitaire. L'urgence est constatée par un arrêté du maire, auquel le préfet peut se substituer après une mise en demeure.

L'urgence prononcée en vertu de l'article 3 a simplement pour but d'ordonner l'exécution immédiate des mesures prescrites par le règlement sanitaire communal, à la différence de l'urgence prononcée en vertu de l'article 8, qui, lorsque les mesures locales sont jugées insuffisantes en raison de la gravité de la situation, permet, sans limitation, toutes mesures utiles.

L'urgence se présente principalement :

— Lorsqu'il est nécessaire de faire évacuer une maison pour la désinfecter ;

— Lorsqu'un puits contaminé continue à alimenter les habitants d'une maison pendant les délais de la procédure de la loi de 1902 ;

— Lorsqu'il y a épidémie ou danger imminent pour la santé publique.

Le caractère de l'urgence d'après le rapporteur de la loi au Sénat en 1895 est indiqué par l'éclosion d'une épidémie d'une gravité inusitée, par un danger imminent pour la santé publique, par certains cas où le pouvoir du maire est insuffisant pour parer à la gravité de la situation, par la nécessité de mettre à exécution des mesures qui, suivant la procédure ordinaire, exigeraient de longs délais.

Le préfet sera guidé surtout par la gravité de la maladie ou la puissance de la propagation.

Les mesures édictées par le préfet peuvent être applicables à une seule personne.

L'article 3 réserve les droits des particuliers pour le cas où les mesures prises seraient susceptibles d'occasionner des dépenses à la charge des propriétaires d'immeubles ou de donner lieu à des indemnités. (Circulaire du 30 mai 1903.)

## 4° Du Ministre de l'Intérieur

Le ministre de l'Intérieur peut exercer son autorité sur les maires et les préfets, soit spontanément, soit sur la demande de tiers lésés dans leurs droits par des arrêtés municipaux ou préfectoraux. Les intéressés, en cas de rejet de leur réclamation ou à l'expiration du délai de quatre mois, pourront déposer un recours pour excès de pouvoir devant le Conseil d'État.

Le ministre dresse et soumet au président de la République un rapport sur les maladies transmissibles. Il fixe leur mode de déclaration.

Il approuve les procédés de désinfection obligatoire.

Il transmet, s'il le juge à propos, au comité consultatif d'hygiène publique de France la délibération du conseil départemental d'hygiène lorsque dans une commune où la mortalité moyenne est dépassée, le préfet a ordonné des travaux que la commune ou le conseil départemental juge inutiles.

Il nomme les membres du conseil d'hygiène publique et de salubrité de la Seine, et du comité consultatif d'hygiène publique de France.

## 5° Du Médecin des épidémies

Les médecins des épidémies ont été institués par circulaire ministérielle du 12 floréal an XIII (2 mai 1803) à raison d'un par arrondissement.

Depuis le décret de décentralisation du 13 avril 1861, ils sont nommés par le préfet. Ils ont droit au remboursement par le budget départemental de leurs frais de déplacement et de séjour. L'arrêté ministériel du 1er septembre 1851 leur permet d'assister — avec voix consultative — aux séances des commissions sanitaires, s'ils n'en font pas partie. Leurs attributions et leur rôle ont été définis par un grand nombre de circulaires ministérielles en date des 2 mai 1805, 30 septembre 1813, 13 avril 1856, 15 mai 1858, 23 juin 1884.

Ces médecins ont pour mission de se transporter à première réquisition au siège de l'épidémie, d'en constater la nature, d'en rechercher les causes, d'en observer les effets, de s'entendre avec les médecins de la localité sur les mesures nécessaires pour arrêter les progrès de la maladie ou à défaut de médecins de les édicter eux-mêmes. Ils doivent faire un rapport qui est transmis au préfet et à l'Académie de médecine.

La recherche des causes des maladies contagieuses leur donne le droit d'examiner les habitations, les agglomérations, les aliments, et par suite le devoir de signaler à l'attention des autorités et des commissions sanitaires l'état défectueux de ces différents éléments, et de provoquer l'exécution des mesures d'assainissement qu'elles reconnaîtraient nécessaires.

### 6° Des Bureaux municipaux d'hygiène

Les villes de 20.000 habitants et au-dessus, et les communes de 2.000 habitants qui sont le siège d'un établissement thermal, doivent, aux termes de l'article 19 § 2 de la loi de 1902, instituer sous le nom de bureau d'hygiène un service municipal chargé, sous l'autorité du maire, de l'application des lois et règlements sanitaires.

Le décret du 3 juillet 1905 a réglementé les conditions d'organisation et de fonctionnement de ces bureaux.

Ils concentrent dans leurs attributions tout ce qui concerne la protection de la santé publique et de la salubrité générale : prophylaxie des maladies contagieuses, vaccination, désinfection, inspection des logements, inspection médicale des écoles, protection des enfants du premier âge, surveillance des denrées alimentaires, statistiques, analyses de bactériologie.

Par la généralité de leur objet et l'étendue de leur action, on peut dire avec M. Gide « qu'ils deviendront par la force des choses, les agents les plus actifs de ce qu'on appelle le socialisme municipal. Du service des eaux et des égouts à celui de l'éclairage et des transports, de la surveillance des logements insalubres ou du service de la voirie à la construction des maisons et lavoirs, du contrôle du lait ou de l'alcool à la fourniture directe du lait ou de l'alcool, des laboratoires municipaux aux pharmacies municipales, voire même aux boulangeries municipales, des crèches et asiles pour les enfants aux cantines scolaires, la transition est facile et presque automatique ».

Déjà Glascow fournit en régie l'eau, le gaz, l'électricité, le téléphone, les tramways, la force hydraulique. Les Etats-Unis, l'Allemagne, suivent l'exemple de l'Angleterre et de plus en plus les collectivités publiques possèdent, produisent, vendent. Elles seront amenées à recourir elles-mêmes à ce procédé d'exploitation directe, et le jour où les industries et les commerces constitués à l'état de monopole seront municipalisés, les anciens bénéfices de la gestion capitaliste (1) tombant dans la caisse du receveur municipal, il sera bien facile alors de pourvoir aux dépenses résultant de l'application des règlements sanitaires.

Les bureaux municipaux d'hygiène n'agissant que sous l'autorité du maire, dans des conditions de fonctionnement déterminées par le conseil municipal, seront surtout un organe d'investigation et d'exécution. Leur initiative sera subordonnée à leur compétence et à l'autorité que les maires attacheront à leur avis.

1. Voir les *Annales de la Régie directe*. Edgard Milhaud, directeur. Genève.

Le conseil municipal est appelé à délibérer sur l'importance du personnel, les allocations qui lui seront attribuées, l'installation du service, du local, des laboratoires et les dépenses.

Un arrêté du maire sanctionne la délibération et assure son exécution.

Le chef de service, reconnu apte par le Comité consultatif d'hygiène publique de France, est nommé par le maire.

Les dépenses concernant l'organisation du service de désinfection dans les villes de 20.000 habitants sont supportées par les villes et par l'Etat.

Celles résultant d'autres attributions sont réparties entre les villes, les départements et l'Etat.

Le préfet peut, au cas où le service ne serait pas organisé ou serait organisé d'une façon défectueuse, provoquer un décret en forme de règlement d'administration publique.

A Paris il existe deux bureaux d'hygiène, l'un établi par la préfecture de la Seine par arrêté du 14 février 1903, l'autre établi par la préfecture de police par ordonnance du 7 octobre 1903 ; chacun de ces bureaux exerce ses pouvoirs dans la limite des attributions conférées à chacune de ces administrations.

### 7° Des inspecteurs régionaux des services de l'hygiène publique

Les inspecteurs régionaux des services de l'hygiène

publique (1) ont été institués par un décret du 22 avril 1888. Ils sont choisis parmi les professeurs d'hygiène des Facultés de médecine et exercent leurs fonctions dans le ressort de la Faculté de médecine à laquelle ils sont attachés.

Ils ont pour mission de correspondre avec les médecins des épidémies, les conseils d'hygiène départementaux et de tenir au courant l'administration centrale des conditions sanitaires du ressort de la Faculté de médecine, c'est-à-dire de leur circonscription.

Le rapport ministériel du 23 avril 1888 s'exprimait ainsi à leur égard : « Tenus par leurs relations et leurs études au courant de tout ce qui intéresse la santé générale du pays, ils pourront donner aux médecins des épidémies des instructions précises en vue d'arrêter par des mesures prophylactiques le développement des maladies épidémiques et concentrer, pour en faire l'objet de rapports circonstanciés adressés au ministre, tous les renseignements relatifs à la salubrité et à l'état sanitaire de la circonscription. »

### 8° Des Inspecteurs sanitaires

Les inspecteurs sanitaires sont créés sur l'initiative du préfet par le conseil général, en vertu de l'article 19 de la loi de 1902.

1. Il y a en France 6 inspecteurs régionaux des services de l'hygiène publique.

Ils ont pour but de contrôler l'exécution des lois sanitaires, de constater les contraventions et de dresser des procès-verbaux, mais surtout ils doivent faire comprendre que les bienfaits de la loi résulteront seulement de sa complète exécution.

La loi indique que le préfet peut provoquer l'organisation d'un service de contrôle et d'inspection pour assurer l'exécution de la loi de 1902. C'est là pour le préfet une faculté.

Le texte primitif de l'article 19 de la loi de 1902 adopté par la Chambre des députés et proposé par la commission du Sénat avait créé une inspection obligatoire.

L'article 19 ne permet de procéder à l'organisation de ce service qu'après une délibération du conseil général réglementant les détails et le budget du service, mais le conseil ne peut refuser au préfet l'organisation du service. Il n'est investi par la loi que d'un pouvoir de réglementation et de finances.

Une circulaire du 19 juillet 1902 recommande aux préfets d'user de la latitude qui leur est donnée pour faire organiser un service qui seul peut permettre de donner aux lois sanitaires leur pleine efficacité. « Un tel service, dit cette circulaire, présenterait des avantages incontestables, en centralisant auprès des préfets l'étude, l'application et la surveillance constante des diverses mesures résultant de la législation ; il y apporterait une unité de vue et de direction qui profiterait largement au bon fonctionnement des institutions prévues, formerait entre elles le lien nécessaire et constituerait pour les communes un précieux guide à la fois technique et administratif ».

M. Cornil, rapporteur de la loi au Sénat, indiquait en ces termes les attributions de ce service : « L'inspecteur départemental devra connaître complètement l'état de l'hygiène dans la plupart des communes de son ressort, savoir en particulier celles dont le nombre de décès dépasse la moyenne, afin de mieux les surveiller, être au courant des maladies épidémiques de tout le département, afin d'y porter remède au début et de prendre ou de conseiller aux municipalités les mesures propres à en arrêter l'essor. Si l'on attendait pour agir que les maires ou les particuliers se plaignissent du mauvais état de l'hygiène dans leurs communes, on n'agirait pas, car plus une commune, une agglomération urbaine est placée dans de mauvaises conditions sanitaires, et moins elle s'en aperçoit le plus souvent. L'inspecteur se déplacera aussitôt prévenu, soit d'une épidémie, soit de projets du maire en vue d'assainissement, afin de voir par lui-même les défectuosités des habitations, des eaux potables, etc... dans le but de surveiller l'application des moyens de désinfection mis en usage, de donner des conseils à la municipalité, de faire comprendre au conseil municipal et à la population l'utilité, la nécessité des travaux à réaliser. Il provoquera toutes mesures utiles à la conservation de la santé. Il assistera aux séances du conseil départemental et des commissions sanitaires, et leur donnera les renseignements recueillis dans son service d'inspection. Il provoquera, en un mot, les mesures d'hygiène. Il recevra de la loi la mission de veiller à l'exécution des lois, des règlements et des décisions de l'autorité administrative. »

Dans le département de la Seine il existe des inspecteurs spéciaux établis tant à la préfecture de la Seine qu'à la préfecture de police, dans la limite des attributions conférées à chacune de ces administrations.

A la préfecture de la Seine, l'inspecteur général de l'assainissement et de la salubrité de l'habitation, chef des services techniques du bureau d'hygiène de la ville de Paris, est chargé du service de contrôle et d'inspection dans les communes du département.

A la préfecture de police, un arrêté du 20 janvier 1904 a placé les différents services techniques d'hygiène sous le contrôle d'un inspecteur général qui est assisté d'un inspecteur général adjoint, de deux médecins inspecteurs et de six médecins inspecteurs adjoints.

## 9° Des Commissions sanitaires

Antérieurement à la loi de 1902, aux termes de l'arrêté du gouvernement du 18 décembre 1848, il était établi :

1° Dans chaque département, *un conseil d'hy-*

*giène publique et de salubrité du département;*

2° Dans chaque arrondissement, *un conseil d'hygiène publique et de salubrité*;

3° Dans chaque canton une *commission d'hygiène publique* pouvait être instituée par un arrêté du préfet, après consultation du conseil d'arrondissement. Dans les cantons où il n'était pas établi de commissions d'hygiène publique, des *correspondants* pouvaient être nommés par le préfet sur la proposition du conseil d'arrondissement;

4° Dans les communes où les conseils municipaux le reconnaissaient nécessaire, il pouvait être établi aux termes de la loi du 13 avril 1850, aujourd'hui abrogée, *des commissions de logements insalubres*.

Aux termes de l'article 20 de la loi du 15 février 1902, il appartient au conseil général du département après avis du conseil d'hygiène départemental de partager le département en circonscriptions sanitaires. Ces circonscriptions n'ont pas nécessairement la limite d'un arrondissement. Le conseil général peut augmenter ou diminuer le nombre des commissions sanitaires du département et ce nombre doit, d'après les travaux préparatoires, être aussi restreint que possible de manière à leur donner « une autorité nécessaire et suffisante ».

Chaque commission sanitaire de circonscription se compose de cinq membres au moins et de sept au plus choisis dans la circonscription. Parmi ces membres doivent figurer obligatoirement un conseiller général élu pas ses collègues, un médecin, un vétérinaire et un architecte ou tout autre homme de l'art.

Ces membres sont nommés, à l'exception du conseiller général, par le préfet, pour quatre ans et sont renouvelés par moitié tous les deux ans ; les membres sortants peuvent être renommés.

Le sous-préfet est président de la commission sanitaire, qui nomme dans son sein, pour deux ans, un vice-président et un secrétaire chargé de rédiger les délibérations de la commission.

La commission ne peut se réunir que sur l'invitation du sous-préfet, qui fixe comme il l'entend, les jours des séances. Toute réunion, qui se tiendrait en dehors des réunions régulières, serait nulle de plein droit.

Pour donner une garantie sérieuse aux propriétaires intéressés, les avis donnés par les commissions sanitaires au sujet des travaux de salubrité prescrits dans les immeubles ne sont valables que si les deux tiers au moins des membres sont présents au moment de la délibération et du vote.

Le conseil général, après avis du conseil d'hygiène départemental, indique, dans les limites fixées par la loi, le nombre des membres des commissions sanitaires, ainsi que le mode de leur fonctionnement et de publication de leurs travaux. Il vote les frais de bureau, de bibliothèque et de publication.

Le conseil général peut voter des jetons de présence et des frais de déplacement pour les membres des commissions sanitaires, de manière à assurer leur concours régulier, mais cette dépense est absolument facultative. Il en est autrement pour les dépenses nécessaires à l'organisation du service de l'hygiène publique, comme celles afférentes au fonctionnement des médecins des épidémies, du service de la vaccine, des commissions sanitaires, dépenses qui sont réparties entre les communes, les départements et l'Etat, suivant les règles fixées par les articles 27, 28 et 29 de la loi du 15 juillet 1893 sur l'assistance médicale (1).

En cas de contestation sur la nécessité de ces dépenses, il est statué par décret rendu en Conseil d'Etat.

Les attributions des commissions sanitaires sont très importantes. Elles dérivent tout à la fois de l'arrêté du gouvernement du 18 décembre 1848 et de la loi actuelle qui s'y réfère.

Aux termes de l'article 9 du décret du 18 décembre 1848, les commissions sanitaires donnent leur avis sur toutes les questions intéressant l'hygiène et la santé publiques de leur circonscription. Le plus souvent le sous-préfet leur demandera de statuer sur les objets suivants spécifiés dans ce décret.

1° L'assainissement des localités et des habitations ;

2° Les mesures à prendre pour prévenir et pour

1. Pour tous renseignements sur les dépenses des services sanitaires, voir *L'hygiène publique obligatoire en France*, ouvrage du même auteur dans la même collection.

combattre les maladies endémiques, épidémiques et transmissibles ;

3° Les épizooties et les maladies d'animaux ;

4° La propagation de la vaccine ;

5° L'organisation et la distribution des secours médicaux aux malades indigents ;

6° Les moyens d'améliorer les conditions sanitaires des populations industrielles et agricoles ;

7° La salubrité des ateliers, écoles, hôpitaux, maisons d'aliénés, établissements de bienfaisance, casernes, arsenaux, prisons, dépôts de mendicité, asiles, etc. ;

8° Les questions relatives aux enfants-trouvés ;

9° La qualité des aliments, boissons, condiments et médicaments livrés au commerce ;

10° L'amélioration des établissements d'eaux minérales appartenant à l'État, aux départements, aux communes et aux particuliers et le moyen d'en rendre l'usage accessible aux malades pauvres ;

11° Les demandes en autorisation, translation ou révocation des établissements dangereux, insalubres ou incommodes ;

12° Les grands travaux d'utilité publique, construction d'édifices, écoles, prisons, casernes, ports, canaux, réservoirs, fontaines, halles, établissement des marchés, routoirs, égouts, cimetières, la voirie, etc..., sous le rapport de l'hygiène publique.,

L'article 21 de la loi de 1902 a ajouté à ces objets l'alimentation en eau potable des agglomérations, la statistique démographique et la géographie médicale, les règlements sanitaires communaux.

La loi du 15 février 1902 donne d'autres attributions aux commissions sanitaires remplaçant les commissions des logements insalubres, au cours de la procédure concernant la suppression de l'insalubrité des immeubles (art. 12). Elle ajoute le droit pour leurs membres de recourir à toutes les mesures d'instruction qu'ils jugent convenables avant de donner leur avis sur les questions qui leur sont soumises et, par suite, le droit de visiter les immeubles désignés comme insalubres (art. 20).

### 10° Du Conseil d'hygiène départemental

Le conseil d'hygiène départemental est établi au chef-lieu de chaque département.

Il se compose de dix à quinze membres (1) parmi lesquels figurent deux conseillers généraux désignés par le conseil général. En raison de la répercussion que peuvent avoir les décisions sur les intérêts départementaux, les autres membres sont nommés par le préfet.

Le conseil comprendra au moins trois médecins, dont un des armées de terre et de mer, un pharmacien, un ingénieur en chef, un architecte et un vétérinaire.

Le directeur ou ingénieur des poudres et salpêtres doit être appelé à assister aux réunions pour les

1. C'est le conseil général qui fixe le nombre des membres.

questions relatives aux matières explosibles. (Arrêté du ministre de l'Intérieur du 3 mai 1899.)

Ces membres sont nommés pour quatre ans, ils sont renouvelés par moitié tous les deux ans et peuvent être renommés.

Le préfet préside le conseil d'hygiène, le vice-président et le secrétaire sont élus par le conseil.

Le préfet fixe les réunions et convoque les membres qui ne peuvent se réunir en dehors des convocations. Les avis ne peuvent être pris qu'en la présence des deux tiers des membres.

Le conseil général peut voter des jetons de présence.

Le conseil d'hygiène départemental donne son avis dans un grand nombre de cas dont l'énumération comprend toutes les mesures sanitaires.

Il exerce principalement son action à propos du règlement sanitaire communal. Il doit être consulté par le préfet lors de l'élaboration de ce règlement, mais il n'a à ce moment qu'à donner un avis qui ne lie pas le maire. Le rôle qui lui est dévolu au moment de son application est prépondérant.

Il donne son avis sur la division « du département en circonscriptions pourvues chacune d'une commission sanitaire ».

Il est enfin consulté comme la *commission sanitaire* sur les objets énumérés à l'article 9 du décret du 18 décembre 1848. Toutefois il est évident qu'il ne s'agira souvent que d'une consultation facultative. La loi de 1902 en indiquant que les consultations demandées aux conseils établis par la loi de 1848 seraient données par les nouvelles commissions sanitaires ou les nouveaux conseils d'hygiène n'exige pas que ces deux avis soient nécessairement toujours demandés. Ce simple ou double avis dépendra, dans la pratique, des circonstances, de l'objet plus ou moins général, plus ou moins important de la consultation et des cas où l'intervention préfectorale sera nécessaire.

## 11° Du Comité consultatif d'hygiène publique de France

Le Comité consultatif d'hygiène publique de France, qui a remplacé le conseil supérieur de santé établi par l'ordonnance royale du 7 avril 1822, a été institué par un arrêté du gouvernement du 10 août 1848. Il est régi aujourd'hui par l'article 25 de la loi du 15 février 1902 et le décret réglementaire du 18 décembre 1902.

Ce comité composé de 45 membres, dont 24 de droit, savoir : le directeur de l'assistance et de l'hygiène publiques au ministère de l'Intérieur, l'inspecteur général et l'inspecteur général adjoint des services sanitaires, l'architecte inspecteur des services sanitaires, le directeur de l'administration départementale et communale au ministère de l'Intérieur, le directeur des consulats et des affaires commerciales au ministère des Affaires étrangères, le directeur général des douanes, le directeur des chemins de fer au ministère des Travaux publics, le directeur du travail au ministère du Commerce, de l'Industrie, des Postes et Télégraphes, le directeur de l'enseignement primaire au ministère de l'Instruction publique, le président du comité technique de santé de l'armée, le président du conseil supérieur de santé au ministère de la Marine, le président du conseil supérieur de santé au ministère des Colonies, le directeur des domaines au ministère des Finances, le doyen de la Faculté de Médecine de Paris, le directeur de l'Ecole de pharmacie de Paris, le président de la Chambre de commerce de Paris, le directeur de l'administration générale de l'assistance publique à Paris, le vice-président du conseil d'hygiène et de salubrité du département de la Seine, l'inspecteur général du service d'assainissement de l'habitation à la préfecture de la Seine, le vice-président du conseil de surveillance de l'assistance publique de Paris, l'inspecteur général des écoles vétérinaires, le directeur de la carte géologique de France.

Le ministre de l'Intérieur nomme les vingt et un autres membres, dont six sont pris sur une liste triple de présentation dressée par l'Académie des Sciences, l'Académie de Médecine, le Conseil d'Etat, la Cour de cassation, le conseil supérieur du Travail et le conseil supérieur de l'Assistance publique de France.

Les quinze autres membres sont choisis parmi les médecins, hygiénistes, ingénieurs, chimistes, etc.

Le ministre de l'Intérieur désigne chaque année parmi les membres du comité consultatif d'hygiène publique de France un président et un vice-président. Un secrétaire et un secrétaire-adjoint nommés par le ministre sont attachés au comité avec voix consultative.

Les délibérations du comité sont prises, soit en assemblée générale, soit en section. La présence du tiers des membres composant l'assemblée générale ou la section est nécessaire pour la validité des délibérations.

Les sections sont au nombre de trois et leurs attributions sont fixées de la manière suivante :

*Première section.* — Salubrité générale. Eaux potables. Evacuation des matières usées. Habitations. Services d'hygiène départementaux. Conseils d'hygiène et commissions sanitaires.

*Deuxième section.* — Epidémies, médecins des épidémies. Services départementaux de désinfection. Bureaux d'hygiène. Vaccine. Service sanitaire maritime.

*Troisième section.* — Hygiène alimentaire. Hygiène industrielle et professionnelle. Exercice de la médecine et de la pharmacie. Substances vénéneuses. Sérums. Eaux minérales.

La réunion de deux sections, pour l'examen de deux affaires présentant un caractère connexe, peut être ordonnée par le président du comité.

L'assemblée générale délibère sur les affaires présentant un caractère général ou réglementaire et sur celles qui lui sont renvoyées sur la demande du tiers des membres d'une des sections. Les convocations de l'assemblée générale et des sections sont faites sur l'ordre du président.

La répartition des membres entre les sections est faite annuellement par le ministre, sur la proposition du président du comité.

Un membre peut appartenir à plusieurs sections. Les sections sont présidées par le président du comité ou à son défaut par le vice-président.

Le président du comité désigne les rapporteurs. Il peut charger des commissions spéciales, dont il fixe la composition, de présenter un rapport sur les affaires qui leur sont renvoyées.

Le Comité comprend également des auditeurs qui ont voix consultative. Ils peuvent remplir certaines missions et présenter des rapports. Le ministre fixe leur nombre sur la proposition du comité, et les nomme pour trois ans d'après une liste préparée par une commission désignée par le comité.

Le chef du bureau de la direction de l'hygiène publique assiste aux séances de l'assemblée générale, des sections et des commissions, ainsi que de la section permanente.

Le président du comité peut appeler à prendre part aux séances de l'assemblée générale ou des sections, avec voix consultative, des personnes qui grâce à leurs connaissances spéciales peuvent éclairer la discussion.

Les attributions du comité se divisent en :

Consultations obligatoires sur les travaux publics d'assainissement ou d'amenée d'eau d'alimentation pour les villes de plus de 5.000 habitants, ainsi que sur le classement des établissements dangereux, incommodes et insalubres ;

Contrôle de l'amenée d'eau pour les travaux effectués en dehors du département où les villes de 5.000 habitants sont situées ;

Consultations facultatives du gouvernement, sur toutes les questions intéressant l'hygiène publique, la salubrité des habitations, les conditions d'exploitation ou de vente des eaux minérales, l'exercice de la médecine et de la pharmacie, les instructions à adresser aux autorités locales, la préparation des lois ou des décrets.

Une section permanente choisie dans le sein du comité donne au ministre des avis sur les questions urgentes ou confidentielles.

Elle se compose du directeur de l'assistance et de l'hygiène publiques, de l'inspecteur général, de l'inspecteur général adjoint des services sanitaires, du directeur des consulats et des affaires commerciales, du directeur du travail, du président de la chambre de commerce ; elle est présidée par le président du Comité.

Cette section permanente a été instituée par le décret du 18 décembre 1902 pris en vertu de l'article 25 de la loi de 1902 pour assurer le fonctionnement régulier et permanent du Comité consultatif d'hygiène publique de France.

*
* *

Depuis 1908 il existe au ministère de l'Intérieur *un bureau international d'hygiène publique* qui échange avec les pays étrangers toutes les informations de nature à permettre d'enrayer la marche des épidémies.

## CHAPITRE II

# L'ALIMENTATION

### L'EAU POTABLE

« Les germes de la fièvre typhoïde ont pour véhicules, l'eau, l'air, les linges des malades et les mains de leurs gardes. Mais, au point de vue du tribut que les populations payent à cette maladie l'eau est le distributeur qui la porte 90 fois sur 100. Quand une source ou une fontaine est polluée par des bacilles typhiques, elle empoisonne une famille s'il s'agit d'un puits, un groupe de maisons quand il s'agit d'une source, une ville tout entière quand c'est la rivière ou une des sources canalisées qui a été infectée. » Ainsi s'exprimait la voix autorisée de M. Brouardel au Congrès international d'hygiène de 1887 et les faits eux-mêmes ont prouvé depuis la vérité de cette affirmation.

Dans les villes dont les statistiques sanitaires sont régulièrement tenues, on a pu constater que l'adduction d'eau pure avait eu pour conséquence immédiate, la diminution et souvent la suppression complète de cas de fièvre typhoïde.

Dans les casernes où des filtres ont été installés et bien entretenus, les soldats qui n'ont pas bu d'autre eau n'ont pas eu la fièvre typhoïde.

Devant de telles constatations le législateur ne devait pas rester indifférent.

En 1884 par le décret du 30 septembre le *Comité consultatif d'hygiène publique de France* était chargé de s'occuper de la salubrité des eaux. Il devait donner son avis sur tous les projets d'adduction.

Pour être sûr de la sincérité et de la rigueur scientifique des analyses soumises à son examen, on lui annexait en 1889 un laboratoire destiné au contrôle, à la revision et à la reconstitution des analyses locales souvent plus ou moins erronées. Dix ans après sa fondation, on s'apercevait d'une manière formelle, de la nécessité d'une telle institution par l'exiguité de ses locaux et l'insuffisance de son personnel qui ne permettaient pas de répondre en temps utile à toutes les demandes d'analyses. Les nombreux retards qu'elles subirent à cette époque amenèrent des réclamations qui eurent d'ailleurs un écho au Parlement.

Le 30 mars 1899 M. Paul Strauss disait en effet à la tribune du Sénat : « Il est de notoriété publique que des dossiers d'amenée d'eau potable, surtout des dossiers soumis à l'analyse chimique et bactériologique, subissent des lenteurs non seulement de plusieurs mois mais de plusieurs années par suite de l'encombrement qui se produit d'une manière chronique et régulière au laboratoire du comité consultatif d'hygiène publique de France » ; et M. Jules Legrand, sous-secrétaire d'Etat, promettait de réunir une commission interministérielle chargée d'étudier la question et de remédier aux retards signalés. Cette commission dont l'influence a été fort heureuse se mit tout de suite au travail avec le désir d'apporter à l'étude et à l'exécution des projets d'adduction d'eau toutes les simplifications compatibles avec la protection de la santé publique.

Le 31 octobre 1891 M. Constans, ministre de l'Intérieur, déposait à la Chambre des députés un projet de loi réglant les droits des communes sur les sources d'eau potable situées dans leur territoire. Ce projet avait pour but de réduire les formalités exigées pour l'acquisition par une commune, d'une source, de régler le droit d'usage des sources par les communes, de donner à la municipalité des armes pour défendre la source contre les causes de pollution.

L'exposé des motifs s'exprimait ainsi :

Depuis quelques années, l'attention des hygiénistes s'est portée, d'une manière toute particulière, sur les dangers que la mauvaise qualité des eaux potables fait courir à la santé publique. Des observations nombreuses ont établi que certaines maladies qui déciment périodiquement nos populations et, en particulier, la fièvre typhoïde, ont le plus souvent leur germe dans ces eaux.

Pour remédier à cet état de choses, un certain nombre de nos grandes villes ont fait exécuter des travaux importants. Elles ont trouvé dans leurs services techniques le moyen de les étudier avec soin, dans leurs ressources budgétaires celui d'en supporter la dépense, et dans la législation actuelle celui de lever toutes les difficultés qui pouvaient faire obstacle à des œuvres d'une aussi évidente utilité publique.

Il n'en est pas de même des communes rurales. Leur alimentation en eau potable est généralement abandonnée à la convenance des habitants qui y pourvoient comme ils peuvent, le plus souvent fort mal. Les mesures de salubrité les plus simples, les moins dispendieuses, qui ne causeraient de dommage à personne et profiteraient à tout le monde, sont absolument négligées et la santé publique se trouve compromise par des causes qu'il serait facile de supprimer.

On pourrait en citer d'innombrables exemples tirés des pays les mieux dotés par la nature à ce point de vue, notamment des pays granitiques où les sources sont pures, abondantes, et devraient fournir aux habitants une excellente alimentation. Certains de ce pays sont néanmoins périodiquement dévastés par la fièvre typhoïde par suite du mauvais aménagement et de la pollution des sources. Cela tient à diverses causes dont nous nous bornerons à indiquer les principales :

1o Aucune des sources n'est couverte. Les animaux sauvages et domestiques peuvent venir y boire, s'y baigner et les souiller de toute façon ;

2o Les fontaines sont souvent accolées à des lavoirs ou situées à proximité et en contre-bas des édifices de ferme. Aucune précaution n'est prise pour empêcher les eaux sales et même les purins de venir par infiltration se mêler aux eaux potables ;

3o Un grand nombre de fontaines se trouvent dans les prés ou dans les pâtures et constituent, aux termes du Code civil, des propriétés privées, bien que les habitants en jouissent de temps immémorial et qu'elles leur soient absolument nécessaires. Les intéressés ne peuvent prendre aucune mesure de préservation ou d'entretien à l'égard de ces sources ; ils ne sont pas autorisés à les curer, ni à assurer l'écoulement de leurs eaux, les propriétaires peuvent transformer les fontaines en cloaques et même en interdire complètement l'accès aux habitants.

Le gouvernement pense qu'il y a lieu d'appeler très sérieusement l'attention des municipalités rurales sur cette situation et sur le devoir qui leur incombe d'assurer la salubrité publique (art. 91 et 97 de la loi du 5 avril 1884), particulièrement en ce qui concerne l'alimentation en eau potable. Mais cela ne suffirait pas ; il faudrait, en outre, leur faciliter la tâche en précisant leurs droits et en les armant de pouvoirs que la législation actuelle ne leur confère pas.

Ce projet n'a pas été voté, mais certaines de ses dispositions ont trouvé place dans le texte qui est devenu onze ans plus tard la loi sur la santé publique.

La salubrité de l'eau potable étant la meilleure garantie contre la propagation des maladies épidémiques, le règlement sanitaire de chaque commune devra contenir l'obligation, pour les habitants, de fournir leur maison d'eau potable.

Dans les villes pourvues d'une canalisation, la fourniture en eau potable doit surtout être exigée dans les maisons ouvrières et aux derniers étages des maisons bourgeoises de manière à procurer à la population ouvrière l'eau indispensable sans trop grand déplacement.

Le règlement sanitaire de Paris exige que tout

bâtiment destiné à l'habitation soit relié à la distribution publique d'eau potable par une canalisation desservant tous les étages.

Le règlement municipal de Lyon (art. 26) demande en outre que le propriétaire d'une maison en bordure de rue parcourue par une canalisation d'eau fasse les frais d'un poste d'eau sur chaque palier ou se trouvent des cabinets d'aisances communs à plusieurs locataires.

Cette disposition a été dictée par cette raison que les cabinets communs à plusieurs locataires doivent pouvoir être lavés à frais communs, et que la fourniture de l'eau ne devant pas être imposée à un seul des locataires, devait incomber au propriétaire.

Comme l'inertie d'une commune peut devenir en cette matière un véritable péril pour les agglomérations voisines, l'article 9 de la loi de 1902 permet de procéder d'office à l'adduction d'eau, lorsque, durant trois années consécutives, le nombre des décès aura dépassé dans une commune le chiffre de la mortalité moyenne de la France et que l'enquête aura démontré cette nécessité.

Pour protéger les eaux servant à l'alimentation d'une commune, l'article 10 de la loi de 1902 établit autour des sources un périmètre de protection. Les terrains situés sur ce périmètre continuent à appartenir aux particuliers mais sont grevés d'une véritable servitude ; leurs propriétaires ne peuvent ni creuser un puits, sans l'autorisation préfectorale, ni se servir d'engrais humains ; ils sont tenus de laisser pénétrer dans leur domaine les agents chargés par le maire de surveiller et de contrôler la source. La diminution de valeur qui en résulte donne droit à une juste et préalable indemnité réglée dans les formes de la loi du 3 mai 1841 en même temps que celles octroyées aux propriétaires des terrains acquis en pleine propriété pour les travaux de captage de la source.

Il ne suffisait pas de poser le principe de l'obligation pour chaque commune d'avoir à rechercher une eau potable, le gouvernement avait le devoir de faciliter les travaux des communes ; il l'a fait en simplifiant les instructions des projets d'adduction d'eau et en décidant de les subventionner dans certains cas (1).

C'est une circulaire du ministre de l'Intérieur, du 10 décembre 1900, qui prescrit les règles à suivre pour l'établissement des projets d'adduction d'eau présentés par les communes qui désirent recevoir un secours de l'Etat. Avant toute autre chose l'eau doit être soumise à des analyses chimiques et microbiologiques.

Les différentes phases de l'instruction d'un tel projet seront donc :

1° Examen géologique ;

1. Le décret du 7 juillet 1891 rendu en exécution de la loi du 2 juin 1890 qui a réglementé et autorisé les courses de chevaux a fixé la quotité des prélèvements de l'Etat sur les recettes des Sociétés.

2° Analyses chimique et bactériologique ;

3° Etude et rédaction du projet ;

4° Avis de la Commission sanitaire ;

5° Avis du conseil départemental d'hygiène quand il s'agit d'une agglomération de plus de 5.000 habitants ou quand il y a désaccord entre le chimiste et le géologue ;

6° Vote des voies et moyens ;

7° Avis du sous-préfet.

Lorsqu'il s'agit seulement du forage d'un puits, on se contentera tout d'abord de l'examen géologique de l'emplacement choisi.

Naturellement dans ce cas la Commission du Pari mutuel subventionnera seulement les travaux de forage, attendant le résultat des essais et des analyses pour apporter une solution définitive à l'ensemble du projet.

Lorsqu'il s'agit de la création d'une adduction d'eau votée par un conseil municipal, le préfet charge le géologue de visiter les lieux et de lui adresser un rapport sur les conditions de pureté de l'eau et sur ses chances de contamination. Si ce rapport est défavorable au projet, il le communique à la commune ; s'il lui est favorable, il demande à un chimiste une analyse chimique et bactériologique de l'eau.

La commune fait dresser alors un plan du projet (1) et l'adresse au sous-préfet qui le soumet à la

1. Ce plan sera dressé par un architecte, un ingénieur ou tout autre homme de l'art choisi par la commune qui peut s'adresser

commission sanitaire puis au comité d'hygiène. Après ces diverses formalités le conseil municipal vote enfin les ressources financières.

Le préfet statue en dernier ressort sur les projets des communes de moins de 5.000 habitants quand les rapports du géologue et l'analyse du chimiste sont favorables. Dans tous les autres cas c'est le ministre de l'Intérieur qui statue, après avis du Comité consultatif d'hygiène de France.

L'article 102 de la loi de finances du 31 mars 1903 a autorisé un prélèvement supplémentaire sur les fonds du Pari mutuel en vue de subventionner les travaux communaux d'adduction d'eau potable.

La demande est faite sous forme de délibération du conseil municipal. Elle est accompagnée :

1° De renseignements précis sur la situation financière de la commune ;

2° De l'examen géologique, de l'analyse, des avis de la commission sanitaire, du conseil d'hygiène et, s'il y a lieu, du Comité consultatif d'hygiène de France ;

3 Du projet des travaux à exécuter.

Le dossier est ensuite vérifié par le préfet, soumis pour rapport aux ingénieurs du service hydraulique et transmis avec avis du préfet au ministre de l'Agriculture qui le soumet à la Commission de répartition.

tout aussi bien aux ingénieurs des ponts-et-chaussées. Le concours de ces fonctionnaires sera rarement refusé.

Dans l'intérêt de la santé publique, il est heureux de constater que le nombre des communes sollicitant actuellement des subventions pour assurer leur alimentation en eau potable devient tous les jours plus important.

Dans sa réunion de juillet 1908 la Commission de répartition a dû ajourner, faute de fonds, plus de 150 projets qui pour être subventionnés auraient exigé une somme totale d'environ 4 millions de francs.

## L'INSPECTION DES TUERIES

La consommation des viandes provenant d'animaux malades fait courir à la santé de la population civile et militaire des dangers nombreux ; l'article 63 de la loi du 21 juin 1898 sur le Code rural dispose « que les communes dans lesquelles il existe des foires et marchés aux chevaux ou aux bestiaux, des abattoirs ou des clos d'équarrissage sont tenues de préposer à leurs frais et sauf à se rembourser par l'établissement d'une taxe sur les animaux amenés, un ou plusieurs vétérinaires pour l'inspection sanitaire des animaux qui y sont conduits. Cette dépense est obligatoire pour les communes. »

Les animaux destinés à la consommation publique sont sacrifiés soit dans des abattoirs publics soit dans des tueries particulières.

Les abattoirs publics sont malheureusement encore fort peu nombreux ; ils n'existent guère que dans les grandes villes. Les bouchers préfèrent dans les communes rurales se servir de tueries particulières situées le plus souvent à côté de leur établissement de vente. Cette disposition au point de vue matériel leur procure sans doute un avantage, mais n'est pas sans occasionner une gêne pour les voisins. L'intérêt bien compris des bouchers serait d'avoir en commun un local plus grand et mieux aménagé qui pourrait être pour eux plus commode, qui leur reviendrait moins cher et serait plus facilement tenu en état de parfaite propreté. Lorsque des abattoirs — même pour petites communes — sont construits d'après les derniers plans, ils procurent aux intéressés des avantages nombreux au point de vue de la main-d'œuvre dans la préparation et l'exécution des opérations, ils n'entraînent aucune charge pour les municipalités, car le produit des taxes d'abatage peut assurer l'amortissement du capital emprunté. On ne saurait trop encourager les maires à poursuivre la création de ces petits abattoirs.

Ces diverses tueries ont été classées par un décret du 31 août 1903 dans la seconde catégorie des établissements dangereux, incommodes et insalubres, à cause du bruit, de l'odeur et même du danger occasionnés par les animaux.

Voici les conditions imposées par les principaux règlements :

Le permissionnaire ne sera autorisé à abattre dans son établissement que les animaux destinés exclusivement à son commerce ;

La tuerie sera séparée de la voie publique et de toute habitation par une cour close de murs de 2 mètres de hauteur au moins ; cette cour sera exclusivement réservée au service de la tuerie et n'aura aucune communauté d'accès avec d'autres propriétés ou habitations.

La tuerie sera fermée de telle sorte que les opérations qui s'y pratiquent ne puissent être aperçues ni des voisins, ni des passants, sur la voie publique.

Les murs de la tuerie seront recouverts d'un enduit de ciment de 1 centimètre au moins d'épaisseur à partir du sol, jusqu'à 2 mètres de hauteur au moins ; les murs auront au moins 3 mètres de hauteur.

Le sol de ce local sera cimenté ou pavé et le pavage jointoyé au ciment avec pente convenable pour l'écoulement du sang et des eaux de lavage dans une citerne complètement étanche d'une capacité de 1 mètre cube au plus.

La citerne sera fermée par une pierre ou un tampon de fonte recouvrant hermétiquement l'orifice destiné à effectuer la vidange. Elle sera vidée complètement au moins une fois par semaine et les eaux seront transportées et épandues sur un terrain cultivé, situé à 200 mètres au moins de toute habitation.

Les débris et issues seront recueillis dans une

tinette métallique étanche, hermétiquement fermée au moyen d'un couvercle métallique et transportés dans les vingt-quatre heures dans une fosse située à 200 mètres au moins de toute habitation, source, puits et cours d'eau, et saupoudrés d'une légère couche de chaux vive, ou arrosés avec une solution d'eau de Javel au dixième, puis recouverts d'une couche de terre meuble de dix centimètres d'épaisseur au moins.

A défaut de tinette métallique, les eaux, débris et issues seront recueillis dans un tonneau en bois ou métallique, placé sur roues, et hermétiquement fermé en haut (bonde), et sa face postérieure fermée à l'aide d'un large couvercle métallique, pour permettre la sortie du contenu et le remplissage du tonneau.

Le transport s'effectuera dans les mêmes conditions qu'avec la tinette métallique.

Le sang, s'il est recueilli à part, les os, les peaux et autres débris seront enlevés dans les vingt-quatre heures de l'abatage.

Si une écurie, une étable, une bergerie ou une porcherie sont annexées à la tuerie, les fumiers qui en proviennent seront enlevés au moins une fois tous les quinze jours.

Ces fumiers, en attendant leur enlèvement, seront logés aussi loin que possible des échaudoirs, dans des fosses étanches, entourées de murs de 50 à 60 centimètres de haut.

L'envoi des eaux de lavage de la tuerie dans la fosse à fumiers est absolument interdit.

Il est rigoureusement interdit d'établir des fosses d'aisances au-dessus ou à côté des fumiers et d'y laisser déverser les matières fécales en provenant.

Les cabinets d'aisances seront obligatoirement édifiés sur des fosses spéciales établies conformément au règlement sanitaire.

La tuerie, à défaut d'une pompe, sera munie d'un réservoir d'eau d'une capacité suffisante pour permettre le lavage à grande eau du sol et des murs à la fin de l'abatage.

D'autre part le brûloir sera construit en matériaux incombustibles avec porte en fer ; s'il entre du bois dans la construction, il devra être recouvert d'un enduit de plâtre ou de ciment de un centimètre au moins d'épaisseur.

Les murs des échaudoirs-brûloirs seront recouverts d'un enduit ciment de un centimètre au moins d'épaisseur à partir du sol jusqu'à un mètre de hauteur.

La cheminée sera élevée à la hauteur de la plus haute des cheminées voisines dans un rayon de 100 mètres et garnie à la partie supérieure d'une toile métallique à mailles de dix millimètres, pour éviter la dispersion des flammèches.

Il est interdit de fondre des graisses et de fabriquer des engrais dans l'établissement.

Les dispositions relatives aux eaux de lavage,

débris et issues, fumiers et fosses d'aisances sont également applicables aux établissements comprenant un brûloir-échaudoir.

Par circulaire du 23 mai 1908 le ministre du Commerce insiste vivement d'ailleurs auprès des préfets pour que tous les arrêtés contiennent une clause par laquelle l'intéressé s'engage à se conformer à toutes les conditions qu'il serait reconnu utile de lui imposer par la suite dans l'intérêt de la salubrité publique.

*
* *

Dès 1901, dans plusieurs départements, on entreprend l'application de l'article 63 de la loi de 1898 en ce qui concerne l'inspection des viandes. Mais, tout aussitôt une polémique s'engage, il s'agit de savoir si les frais d'organisation doivent incomber aux bouchers ou être à la charge des municipalités ; puis la légalité de la taxe d'inspection pour les tueries particulières elle-même est contestée.

Les tribunaux de Châteaudun et de Chartres notamment admettent le bien fondé des réclamations qui leur sont soumises à cet égard et le service d'inspection est suspendu en attendant que la Cour de Cassation ait définitivement fixé la jurisprudence à cet égard.

Dans plusieurs arrêts 1904-1905, la Cour suprême stipule que l'expression « abattoirs » doit être entendue comme comprenant tous les établissements communaux ou privés où sont amenés et abattus des animaux destinés à l'alimentation publique.

Par le terme général d'abattoirs, le législateur a visé à la fois les abattoirs publics et les abattoirs privés désignés plus communément sous le nom de tueries particulières et depuis lors, grâce aussi à la promulgation du règlement d'administration publique du 6 octobre 1906, il est établi que l'inspection sanitaire doit être obligatoirement organisée dans tout endroit où l'on abat des animaux en vue de la consommation publique.

Au début de 1908, le service est loin de fonctionner d'une façon satisfaisante.

Mais à la suite d'incidents récents qu'il est inutile de rappeler ici, M. le ministre de l'Agriculture insiste une fois de plus sur l'impérieuse nécessité d'assurer d'une façon permanente le service chargé de découvrir des foyers contagieux et de prévenir la mise en vente de viandes impropres à la consommation.

Il demande aux préfets d'intervenir auprès des municipalités pour obtenir d'elles l'organisation définitive et le bon fonctionnement de l'inspection.

Qu'on ne vienne pas dire qu'il y a là une nouvelle charge pour le budget communal. Les dépenses qui en résulteront pourront être récupérées par une taxe locale en vertu de la loi du 8 janvier 1905. Les municipalités ne doivent tirer aucun bénéfice de ces taxes, mais il leur est permis d'exiger un prélèvenent maximum de un centime par kilogramme de viande nette abattue, ce qui est plus que suffisant en général. Qui peut le plus peut le moins : elles sont donc autorisées pour éviter les difficultés de pesage toujours possibles à établir un prix moyen à la tête, à la condition de ne pas dépasser le maximum prévu par la loi ; certains départements ont adopté ce système et les prix généralement admis sont pour les bœufs et taureaux 2 francs, pour les vaches 1 fr. 50, pour les veaux 0 fr. 50, pour les moutons et les chèvres 0 fr. 20, pour les agneaux 0 fr. 10 et les porcs 0 fr. 50.

Cependant, la véritable garantie donnée au consommateur, résidera principalement dans l'organisation même du service. Cette inspection doit se faire avec le maximum de précautions. Il est absolument indispensable de créer un poste de vétérinaire-inspecteur dans chaque commune. Si ce vétérinaire n'habite pas la localité elle-même, s'il se contente de faire une visite le jour où habituellement les bouchers tuent les gros animaux, il sera indispensable d'avoir un préposé pour surveiller les tueries dans l'intervalle de temps qui s'écoule entre les visites du vétérinaire.

Ce préposé recevra des notions sommaires, se reportera en cas de besoin aux *Planches murales* et à l'*Album guide de l'inspection sanitaire des viandes*, par Aureggio, ouvrages qui montrent d'après nature les coupes des viandes, les lésions des animaux qui peuvent se transmettre aux hommes, les ganglions dans leurs positions anatomiques et leurs altérations ; il pourra, en l'absence du vétérinaire, exercer une surveillance suffisante, et en tous cas appellera le praticien le jour où il remarquera quelque chose d'anormal.

Les dernières instructions ministérielles sont très précises. Les préfets devront imposer le service d'inspection d'office aux communes qui résisteraient. Il ne sera pas nécessaire de recourir à cette mesure de rigueur, car dès maintenant les bouchers eux-mêmes se sont inclinés et tiennent à donner à leur clientèle la garantie que la vigilance de l'administration saurait bon gré, mal gré, exiger.

***

La loi du 21 juin 1898 organise en outre la police sanitaire des animaux domestiques. Au dire de nombreuses célébrités médicales, quelques maladies des animaux, peut-être la tuberculose, pourraient se transmettre à l'homme par la consommation. Il est donc de toute nécessité d'entraver le développement des maladies contagieuses des animaux.

La déclaration de ces maladies est obligatoire, l'indication de la provenance des animaux est également obligatoire ; les lois du 30 mai 1899, 30 décembre 1903 et 14 janvier 1905 fixent les indemnités dues aux propriétaires des animaux saisis : car le législateur a établi une juste indemnité, pour compenser les pertes subies par les éleveurs en cas de maladie de leur bétail.

C'est la tuberculose que les instructions ministérielles visent plus spécialement. Les maires ne doivent délivrer d'ordre d'abatage pour les animaux tuberculeux que sur la demande du vétérinaire sanitaire et après avis motivé du vétérinaire délégué. Ils prendront toutes les précautions utiles pour éviter la substitution possible d'animaux. Pour arriver à ce résultat, le certificat délivré par le vétérinaire inspecteur mentionnera, avec le signalement complet de l'animal saisi, la marque du propriétaire qui est généralement appliquée sur la corne ou sur le côté droit de l'encolure, et le plomb portant les indications nécessaires pour éviter toute substitution sera laissé adhérent à la tête de l'animal pendant trois jours pour permettre au propriétaire de le reconnaître.

« La tuberculose bovine est d'autant plus redoutable, écrit M. Rossignol, secrétaire perpétuel de la Société de médecine vétérinaire pratique, que, dans la généralité des cas, pendant l'existence de la bête, aucun signe apparent ne révèle sa présence. Il faut une occasion telle qu'un abatage dans une tuerie régulièrement inspectée pour tirer les propriétaires de leur quiétude et empêcher une bête malade d'accomplir son œuvre de contagion... »

« Mais lorsque le vétérinaire intervient, certes, si le client est un homme de progrès, il tiendra compte des conseils, fera tuberculiniser ses animaux, isolera les suspects et accomplira ainsi une prophylaxie intelligente. Si les sentiments d'honnêteté l'emportent chez lui sur le souci de ses intérêts propres, il essaiera d'engraisser les bêtes qui ont réagi et de les vendre pour la boucherie. Si, au contraire, il veut vendre immédiatement son bétail suspect sans se préoccuper de savoir s'il ira porter la contagion dans d'autres étables, il s'adressera à un *maquignon ;* ce dernier se chargera d'écouler cette marchandise suspecte, et c'est ainsi que la tuberculose fait tache d'huile et prend une extension très inquiétante. »

En permettant aux cultivateurs qui possèdent des animaux suspects de les vendre librement, on a fait peut-être fausse route, car cette tolérance est pleine de périls. Il est urgent de prendre des mesures radicales pour réglementer l'usage de la tuberculine, en imposer l'emploi dans les étables suspectes et immobiliser les animaux qui réagiront lorsqu'ils auront été soumis à son épreuve. C'est à ce prix que l'on arrêtera la marche de ce véritable fléau.

La plupart des expérimentateurs sont d'accord, aujourd'hui, pour reconnaître que le lait fourni par une femelle tuberculeuse peut contaminer ceux qui le boivent.

Sans vouloir ici prendre parti dans la question de transmission de la tuberculose par le lait, il nous sera permis de donner un conseil et de mettre en garde contre un danger. Les administrateurs qui procèdent à des adjudications pour fournitures de lait à des établissements publics ou privés, communaux ou départementaux, feront bien, dans l'intérêt de la santé publique, de n'admettre à concourir que les éleveurs dont les vaches auront été reconnues saines après avoir été tuberculinisées.

## LES FRAUDES ALIMENTAIRES

La loi sur la répression des fraudes a été promulguée le 1er août 1905. Elle punit quiconque aura trompé ou tenté de tromper le contractant : soit sur la nature ou la composition des marchandises, soit sur leur espèce ou leur origine, soit sur la quantité des choses livrées. L'examen de cette loi se rattache à l'étude de la protection de la santé publique, car elle punit ceux qui auront falsifié des denrées servant à l'alimentation de l'homme, ceux qui auront mis en vente des produits falsifiés, corrompus ou toxiques, et aussi ceux qui auront vendu des produits propres à effectuer la falsification des denrées servant à l'alimentation de l'homme.

***

Avant ce texte législatif, les maires tenaient de la loi du 5 avril 1884, article 97, les pouvoirs les plus étendus pour assurer dans leurs communes « la fidélité du débit des denrées qui se vendent au poids ou à la mesure et la salubrité des comestibles exposés en vente ». Et en vertu de ces dispositions, ils pouvaient et peuvent encore d'ailleurs nommer des agents pour procéder aux prélèvements qu'ils jugeront utiles. Ces agents pourront, le cas échéant, déposer une plainte au parquet. Les particuliers de leur côté tenaient du Code d'instruction criminelle le droit de citer devant les juges les commerçants soupçonnés de fraude.

*
* *

C'est par une circulaire du 26 février 1907 que M. le ministre de l'Agriculture a organisé les services départementaux des prélèvements en vue de la répression des fraudes dans la vente des marchandises et des falsifications des denrées alimentaires ou des produits agricoles prévus par la nouvelle loi.

Le préfet désigne, dans chaque département, les agents chargés d'effectuer les prélèvements. A côté d'eux, les employés des contributions indirectes agissant à l'occasion de l'exercice de leurs fonctions sont chargés de rechercher et de constater les infractions qui relèvent de leur service.

Chaque prélèvement comporte la prise de quatre échantillons qui doivent être envoyés avec le procès-verbal, dans les vingt-quatre heures de l'opération, à la préfecture où sera organisé un service administratif.

Dès leur réception, le service administratif enverra un des échantillons au laboratoire sans indiquer ni le lieu du prélèvement ni le nom de la personne chez laquelle il a été opéré ; les autres seront conservés dans un local de sûreté en attendant qu'il soit statué à leur égard.

Si les échantillons sont reconnus bons, le service administratif en avertira aussitôt l'intéressé et lui fera connaître que, sur sa demande et contre l'envoi du récépissé remis au moment du prélèvement il lui sera adressé un mandat de remboursement de la valeur des échantillons prélevés.

Si les échantillons sont reconnus fraudés, le rapport du laboratoire sera transmis tout de suite au Procureur de la République avec le procès-verbal et les trois échantillons réservés. Ce magistrat appliquera les instructions résumées dans une circulaire de M. Briand.

Le procureur de la République, saisi par le préfet d'un rapport par lequel le laboratoire administratif chargé de l'analyse et du triage des échantillons signale une infraction à la loi du 1er août 1905. n'est pas tenu par là même d'exercer des poursuites ; il lui incombe, avant de mettre l'action publique en mouvement, de procéder à un examen personnel, en la forme et au fond, tant du procès-verbal de prélèvement d'échantillons que du rapport du laboratoire.

Il commence par s'assurer que le procès-verbal est régulier et que les opérations qui y sont relatées ont été effectuées dans les conditions prescrites par la loi et le règlement d'administration publique.

Il recherche ensuite si les analyses ont été pratiquées conformément aux dispositions réglementaires et si les conclusions du laboratoire sont suffisamment formelles et précises pour servir de base à des poursuites. Au cas où le rapport lui paraît présenter des obscurités, des incertitudes ou des lacunes, il est libre de réclamer un complément de rapport, destiné à lui fournir les explications dont il a besoin ; mais il ne doit pas oublier que les analyses confiées au laboratoire de triage n'ont qu'un caractère indicatif et ne constituent pas une véritable expertise.

Il a donc à s'entourer de tous renseignements complémentaires susceptibles de confirmer ou d'infirmer le soupçon de fraude que l'examen sommaire, auquel le laboratoire administratif s'est livré, a fait naître ; il s'enquerra notamment de l'origine du produit, car en certains cas elle serait susceptible d'expliquer par des causes naturelles la composition d'un échantillon qui a été dénoncée comme anormale.

Le procureur de la République peut, en outre, interroger la personne chez laquelle le prélèvement a été opéré et l'inviter à lui fournir ses justifications.

Après avoir ainsi vérifié les pièces qui lui ont été transmises et procédé à une enquête attentive, il classe l'affaire, s'il estime que les conditions de forme et de fond nécessaires pour engager des poursuites ne sont pas remplies.

Si, au contraire, il lui paraît que ces conditions se trouvent réunies, il a le choix entre deux modes d'exercice de l'action publique ; en effet, il lui appartient, selon les circonstances, de requérir du juge d'instruction l'ouverture d'une information préalable ou de procéder par voie de citation directe.

La circulaire s'occupe ensuite du choix des experts et de la manière dont ceux-ci doivent fonctionnel.

Il sera procédé en effet à une expertise contradictoire par deux experts, dont l'un est désigné par le juge d'instruction et l'autre par la personne contre laquelle l'instruction est ouverte.

Les experts sont choisis sur les listes spéciales de chimistes experts, dressées dans chaque ressort par les cours d'appel ou les tribunaux civils. L'inculpé pourra toutefois choisir son expert sur les listes dressées par la Cour d'appel ou le tribunal civil du ressort d'où il aura déclaré que provient la marchandise suspecte.

L'inculpé a toute liberté pour choisir l'un quelconque des experts portés sur les listes spécifiées par l'article 18, mais il n'a pas le droit de désigner un expert en dehors de ces listes.

Le Garde des Sceaux estime que ce qui n'est pas un droit pour l'inculpé peut lui être concédé par le juge d'instruction.

Il rentre dans les pouvoirs de ce magistrat d'autoriser l'inculpé à choisir son expert en dehors des listes mentionnées à l'article 18.

Enfin, le ministre s'occupe de l'inculpation, en cours d'information, du fournisseur de la marchandise :

Il peut arriver que le propriétaire ou le détenteur de la marchandise sur laquelle ont été prélevés des échantillons excipe de sa bonne foi en présence des résultats défavorables de l'analyse opérée par le laboratoire administratif, et affirme, pour se disculper, que, s'il a été commis une fraude, elle est imputable à l'industriel ou au commerçant de qui il tient la marchandise.

Il va de soi que cette simple assertion ne saurait suffire pour que le juge d'instruction inculpe l'industriel ou le commerçant qui est dénoncé comme ayant fourni la marchandise.

Le magistrat instructeur commencera par rechercher si, véritablement, la marchandise a la provenance indiquée. Si l'affirmative lui paraît démontrée, il aura soin, avant de mettre le fournisseur en cause, de recueillir sur son compte tous renseignements utiles, et même la prudence lui commandera, dans bien des cas, de ne l'inculper qu'après qu'il aura été procédé à l'expertise contradictoire et que celle-ci aura corroboré les résultats de l'analyse opérée par le laboratoire administratif. Il sera, en effet, souvent prématuré d'impliquer le fournisseur dans les poursuites tant que l'existence du délit n'aura pas été confirmée et qu'il ne sera pas établi que la marchandise déclarée suspecte par le laboratoire administratif est effectivement entachée de fraude.

M. le Garde des Sceaux constate enfin que les mesures édictées par la loi de 1905 en vue d'atteindre plus sûrement et plus efficacement la fraude sous toutes ses formes, ne sauraient dégénérer en une cause de troubles et de vexations pour le commerce honnête et l'industrie loyale et qu'elles doivent être appliquées avec fermeté et sans aucune défaillance.

Les crédits mis à la disposition des préfets ne

sont malheureusement pas assez élevés pour exercer une surveillance suffisante, aussi leur est-il recommandé d'inviter les villes à concourir dans leur propre intérêt à la répression des fraudes en assumant la charge des frais occasionnés par des prélèvements supplémentaires.

Les syndicats constitués conformément à la loi du 21 mars 1884, les associations, les particuliers, peuvent verser dans une caisse de l'Etat des sommes destinées à faciliter l'œuvre de la répression des fraudes.

La loi du 29 juin 1907 permet, par son article 9, aux syndicats de défense des intérêts généraux de l'agriculture ou du commerce des vins d'exercer les droits reconnus à la partie civile par le Code d'instruction criminelle relativement aux frais de fraudes et falsification des vins ou de recourir à l'action ordinaire devant le tribunal civil en vertu des articles 1382 et suivants du Code civil.

Mais les syndicats veulent surtout intervenir directement et officiellement dans la recherche des infractions. On ne saurait trop les engager dans cette voie lorsqu'ils demandent, par exemple, que des agents rétribués par eux et agissant sur leurs indications aient qualité pour effectuer des prélèvements. Les représentants des syndicats agréés par le préfet sont placés comme les autres agents du service, sous l'autorité de l'administration préfectorale qui, en cas d'abus ou de refus d'obéissance, peut leur retirer tout pouvoir.

Le décret du 31 juillet 1906 ne permet pas que des prélèvements soient opérés à la requête et aux risques et périls d'un particulier, mais si un détaillant croit avoir des raisons fondées de soupçonner son fournisseur, on ne pourra sur sa demande refuser d'opérer un prélèvement au moment d'une livraison. Il faut bien que le public sache que le service des répressions des fraudes a pour but de défendre le consommateur et le commerce honnête contre les fraudeurs, c'est par là en effet que la loi de 1905 est un progrès. Et qu'il paraît loin le temps où armé seulement du Code d'instruction criminelle, le consommateur, après avoir fait analyser, à ses frais, des échantillons achetés par ses soins, devait déposer une plainte au parquet afin d'obtenir non pas une condamnation pour le commerçant indélicat mais tout d'abord une série d'ennuis pour lui-même !

Déjà les bienfaits de la loi se font sentir et M. Ruau, ministre de l'Agriculture, pouvait dire récemment au Congrès contre les fraudes alimentaires à Genève :

« Le plus grand mérite de la loi de 1905 n'est pas de constituer contre la fraude une machine de guerre, mais d'être la loi des commerçants honnêtes faite d'accord avec eux et pour leur usage. Elle a pu créer tout un pouvoir de réglementation nouveau, réaliser une procédure hardiment innovatrice de recherche et de constatation de délits de fraudes, en autorisant les agents de prélèvement à pénétrer dans le domicile du citoyen ; elle n'en est pas moins considérée par le plus grand nombre comme une loi libérale. C'est qu'elle a su atténuer, au mieux des intérêts du commerce et suivant ses désirs, l'action de la puissance publique.

« Des garanties individuelles très fortes ont été instituées par la séparation du prélèvement et de l'analyse, au moyen de l'expertise contradictoire, grâce à certaines facultés, par exemple, le droit de se porter partie civile, accordées aux syndicats professionnels. On a dressé une cloison étanche entre l'inspecteur qui prélève, le chimiste qui analyse, et le magistrat qui poursuit. C'est un échantillon anonyme que l'on porte au laboratoire de triage, et c'est une simple indication scientifique qui est donnée par le laboratoire au parquet. »

## CHAPITRE III

# L'HABITATION

### Immeubles et Logements insalubres

D'après l'article 12 de la loi de 1902, un immeuble est réputé insalubre lorsqu' « il est dangereux pour la santé des occupants ou des voisins ». Cette définition est plus exacte que celle contenue dans la loi du 13 avril 1850, et qui réputait « insalubres les logements se trouvant dans des conditions de nature à porter atteinte à la vie ou à la santé des habitants ».

Depuis longtemps de nobles efforts ont été tentés pour lutter contre l'insalubrité des immeubles ; et Martin Nadaud dans son rapport sur la proposition de revision de la loi de 1850 le constatait déjà en 1882.

Aujourd'hui. la vulgarisation des notions d'hygiène les plus élémentaires, les cours, les conférences, les articles de prophylaxie populaire, les conseils de l'instituteur, les polémiques de presse ont fait heureusement justice des anciens préjugés et les rapports étroits qui unissent la santé des habitants à la salubrité des immeubles ne font plus de doute pour personne.

Le docteur Lucien Graux écrivait tout récemment, résumant bien des études faites avant lui : « La vieille maison familiale, souvenir d'aïeux évanouis, a bien disparu. On est forcé de ménager les terrains dans les cités modernes et d'édifier d'immenses bâtisses abritant de nombreuses familles. L'accroissement et l'encombrement des villes a pris depuis cinquante ans des proportions excessives. Il y a là une sorte de progression nécessaire que nul ne peut nier et qu'aucun effort humain ne saurait empêcher. Sans vouloir jeter un coup d'œil sur l'avenir du xxe siècle, il est permis d'affirmer que le mouvement d'agglomération urbaine n'est pas à la veille de s'arrêter et que nos enfants et petits-enfants verront encore s'augmenter la population des villes ».

Cet état d'encombrement excessif est des plus nuisibles pour la santé publique, et l'entassement des classes ouvrières dans des logis étroits et mal aérés est l'une des principales causes de la mortalité des travailleurs... Ce qu'il faut, c'est raser les maisons insalubres. Plus de ces maisons surpeuplées, nids de saleté et d'infection à virulence exaltée. Partout de l'air, de la lumière et de l'espace dans l'habitation... On peut espérer contribuer à la diminution de la tuberculose ; ce n'est plus ici au médecin qu'il faut s'adresser, mais aux philanthropes qui peuvent donner un logis sain et même agréable à l'ouvrier et aux hommes d'Etat qui seuls peuvent faire traiter le travailleur avec un peu plus de justice et d'humanité.

*
* *

Le législateur cédant à la poussée de l'opinion publique et à l'exemple de l'étranger nous a donné la loi de 1902 dont l'application intégrale aura certainement une répercussion heureuse sur la santé publique. Grâce à elle, l'assainissement des immeubles est placé sous la surveillance du maire ou, à son défaut, sous celle du préfet.

Le pouvoir du maire s'étend d'ailleurs à tout ce qui peut concerner les immeubles de toute nature, bâtis ou non bâtis, servant ou non à l'habitation, habités ou non par leurs propriétaires, situés dans une agglomération ou isolés, bordant ou non une voie de communication publique ou privée.

L'article 12 de la loi du 15 février 1902 a une portée générale : le droit de contrôle du maire porte sur tout : maison, ruelle, impasse, cour, basse-cour, champ, dépôt de fumier ou d'ordure ; sont seuls exceptés les ateliers et manufactures soumis à une législation spéciale.

La portée générale, complète, de cet article de la

loi de 1902 montre la différence et le progrès qu'elle réalise sur la loi de 1850.

Cependant l'action du maire ne peut se produire que dans des cas spécialement déterminés : il lui faut une cause d'insalubrité occasionnant un danger pour la santé des occupants ou des voisins.

L'accroissement exagéré de l'agglomération, l'insuffisance d'air, le manque de lumière, le mauvais état de la toiture occasionnant une humidité permanente, la défectuosité d'un mur mitoyen laissant filtrer des matières infectieuses seront des motifs suffisants pour légitimer son intervention, tandis qu'un danger d'explosion, une chute de constructions, un affaiblissement du sol, l'obligeront à recourir à d'autres moyens d'action.

Le maire ne pourra pas se baser, pour intervenir, sur des causes d'insalubrité extérieures et permanentes (voisinage de marais ou d'agglomérations malsaines). Dans des cas semblables il devra appliquer la loi de 1907 sur le desséchement des marais ou l'article 18 de la loi de 1902, qui prévoit les cas d'expropriation pour cause d'insalubrité, car l'expropriation pour cause d'utilité publique peut être ordonnée dans le seul but d'assainissement.

L'intervention du maire ne doit pas être influencée par les droits, obligations ou contrats qui peuvent lier entre eux les propriétaires et locataires. Si la cause d'insalubrité existe, il appartient au maire de la faire disparaître même si elle est apparente et connue du locataire, même si elle résulte d'un abus de jouissance de sa part.

Dans certains cas, le locataire pourra bénéficier d'améliorations, dans d'autres le propriétaire pourra, suivant les clauses du bail, faire expulser son locataire ou le faire condamner à des dommages-intérêts pour les abus de jouissance ou les détériorations entraînant contre lui les rigueurs de l'administration sanitaire; mais dans aucun cas le maire ne devra tenir compte de considérations privées ou de contrats particuliers ; son intervention ne peut avoir d'autre motif que l'intérêt de la santé publique (1).

Le droit du maire s'exerce sur l'immeuble, son action doit être dirigée contre le propriétaire ou contre les personnes qui, comme lui, détiennent l'immeuble pour en disposer ou en jouir de la manière la plus absolue.

L'article 12 vise comme remplissant ces conditions :

Le propriétaire qui a le droit de jouir et de disposer des choses de la manière la plus absolue (C. civ., art. 544);

L'usufruitier qui a le droit de jouir des choses

1. Les propriétaires, usufruitiers et usagers, en vertu des seuls principes généraux du droit civil, peuvent mettre en cause et appeler en garantie les locataires et occupants de l'immeuble qui seraient responsables des faits d'insalubrité entraînant l'action de l'autorité municipale.

dont un autre a la propriété, mais à la charge d'en conserver la substance (C. civ., art. 578);

L'usager qui a un droit d'usage ou d'habitation dont l'étendue est déterminée par son titre mais qui ne peut céder son droit (C. civ., art. 628, 631, 632, 634).

Et il faut ajouter :

L'emphytéote qui, moyennant redevance, a la jouissance pendant une durée généralement longue (quatre-vingt-dix-neuf ans) d'un immeuble dont il paie les contributions et dont il peut disposer d'une façon presque absolue ;

Le locataire constructeur qui, aux termes de son contrat avec le propriétaire du sol, a édifié des constructions qui ne lui reviendront pas, car elles sont destinées à être démolies ou enlevées à la fin du bail (1).

***

L'article 12 de la loi de 1902 résume, complète et remplace toute la législation de 1850 sur les logements insalubres.

Le fonctionnement de l'ancienne législation était forcément défectueux en raison de son caractère facultatif. C'était le conseil municipal qui décidait

1. Un arrêt de la Cour d'appel de Lyon a infirmé un jugement du tribunal correctionnel de Lyon du 1er mars 1905 qui comprenait parmi les intéressés les régisseurs et mandataires des propriétaires.

librement s'il y avait lieu de créer une commission des logements insalubres dont il désignait les membres, à l'effet de visiter les locaux signalés comme insalubres et de proposer les moyens de parer aux dangers d'insalubrité. C'était encore le conseil municipal qui, sur le rapport de cette commission, prescrivait les réparations nécessaires et interdisait au besoin l'habitation. Cette intervention facultative du conseil municipal en lutte avec le souci de ménager les intérêts privés ou les animosités de ses mandants empêchait souvent l'application de la loi.

Cette législation même dans son application était insuffisante.

Elle visait seulement :

Les causes d'insalubrité inhérentes à l'immeuble et non celles provenant des opérations qui se pratiquaient dans cet immeuble et son mode d'utilisation ;

Les logements mis en location, et non ceux habités par le propriétaire, l'usufruitier ou l'usager ;

Les causes d'infection susceptibles de nuire aux locataires eux-mêmes et non celles pouvant nuire aux voisins ou à l'agglomération.

En outre les travaux ordonnés ne pouvaient être exécutés d'office et leur inexécution ne pouvait donner lieu qu'à une amende.

Cette législation était d'une application restreinte et d'une efficacité presque nulle.

Lorsque le maire, ou, en cas de refus de sa part,

le préfet, estime par les moyens d'investigation dont il peut disposer qu'un immeuble, par sa nature ou sa destination, est une cause de danger pour la santé publique, il dresse un rapport sur la nature des travaux ou modifications à apporter et sur l'interdiction d'habitation de l'immeuble non susceptible d'être assaini. Pour se guider dans son appréciation des causes d'insalubrité de l'immeuble, le maire a pour point de repère le règlement sanitaire de la commune. La justification de son intervention est dans l'inobservation des prescriptions de ce règlement.

La commission sanitaire est ensuite saisie. Elle doit entendre les parties, établir les constatations utiles en leur présence et statuer sur les conclusions du rapport du maire : utilité de travaux ou interdiction d'habitation. Elle base son avis sur les prescriptions du règlement sanitaire sans toutefois s'astreindre à la lettre de ce règlement.

Si l'avis de la commission est conforme à celui du maire, ce magistrat prendra d'urgence l'arrêté qui fixe le délai dans lequel les travaux devront être exécutés ou le délai dans lequel l'immeuble cessera en tout ou partie d'être habité ; cet arrêté sera en tous points conforme aux prescriptions de la commission.

Si l'avis de la commission diffère totalement ou partiellement du rapport du maire, le conseil départemental d'hygiène pourra être saisi de la question par le préfet.

L'article 12 indique que le préfet saisit, *s'il y a lieu*, le conseil départemental d'hygiène. Cet article semble, par cette expression, laisser toute latitude au préfet, mais dans la pratique, cette latitude dépendra de l'insistance que le maire apportera pour obtenir la modification de l'avis de la commission sanitaire. Le maire peut, en effet, après réflexion, adopter les modifications ou le rejet des conclusions qu'il avait présentées dans son premier rapport et rendre par suite un arrêté conforme aux propositions de la commission, ou ne plus insister pour prendre un arrêté. Dans ces deux hypothèses, *il n'y aurait pas lieu* pour le préfet de faire modifier les conclusions de la commission sanitaire, à moins qu'il ne désire, comme il en a toujours le droit et le pouvoir, se substituer aux lieu et place du maire pour demander à la commission d'hygiène le maintien des prescriptions du premier rapport du maire avec l'intention de les faire au besoin exécuter lui-même.

Le conseil départemental d'hygiène une fois saisi a un rôle d'arbitre, et c'est à tort qu'on le désigne sous le nom de tribunal d'appel puisque, ni le particulier ni même le maire ne peuvent s'adresser directement à lui. Une fois saisi, le conseil devient cependant une véritable juridiction d'appel. La procédure sera la même que devant la commission sanitaire.

Lorsque le conseil départemental d'hygiène a statué, le maire, après notification, doit se conformer strictement à son avis, prendre un arrêté et ordonner les travaux, prescrire les interdictions d'habitation et les délais prévus.

L'arrêté du maire visera donc toujours l'avis de la commission sanitaire ou du conseil départemental d'hygiène et sera pris conformément à cet avis. L'approbation du préfet sera nécessaire quand il portera interdiction d'habitation.

***

Les particuliers ont un délai d'un mois pour se pourvoir contre l'arrêté du maire devant le conseil de préfecture qui a conservé les pouvoirs qu'il exerçait en vertu de la loi du 13 avril 1850 contre les délibérations du conseil municipal relatives aux logements insalubres.

Le délai d'un mois court de la notification qui doit être faite individuellement aux intéressés dans la forme administrative. Cette notification administrative n'est d'ailleurs assujettie à aucune forme sacramentelle et, alors même qu'elle serait imparfaitement faite, elle est valable. Il suffit de pouvoir établir que les parties en ont eu connaissance.

Le législateur a voulu donner aux propriétaires toutes les garanties leur permettant de se défendre efficacement contre les mesures prescrites par l'arrêté du maire. Il était nécessaire d'agir de la sorte en raison des frais que peuvent entraîner l'obligation de travaux à faire et l'atteinte portée au droit de propriété. On peut se demander si cette multiplicité de garanties ne vient pas dans certains cas entraver l'exécution rapide des mesures de salubrité.

Voici, en effet, la procédure à suivre pour arriver à rendre exécutoires les prescriptions de l'arrêté du maire : l'intéressé aura un délai minimum de quatre mois avant de redouter une mise en demeure définitive, il pourra dans certains cas traîner douze à quinze mois.

Rapport du maire sur les causes d'insalubrité qui lui sont signalées, après visite de l'immeuble, contenant indication des causes d'insalubrité, des travaux d'assainissement et, s'il y a lieu, l'interdiction d'habitation : quinze jours.

Dépôt du rapport au secrétariat de la mairie et transmission du rapport à la commission sanitaire, fixation de la date de la discussion et avis au maire de cette date : quinze jours.

Avis donné aux intéressés quinze jours à l'avance par lettre recommandée de la date de la réunion de la commission : quinze jours.

Discussion devant la commission, enquête contradictoire, avis de la commission et transmission de cet avis au maire : quinze jours.

Arrêté du maire, approbation préfectorale en cas

d'interdiction d'habitation et notification : quinze jours.

Délai de recours (art. 13) : un mois.

Délai d'exécution : un mois.

Et voici maintenant les délais lorsque les mesures à prendre soulèvent des voies de recours exceptionnelles :

Avis du conseil départemental d'hygiène lorsque le maire ne partage pas l'avis de la commission sanitaire, qui comprend les délais d'envoi de l'avis de la commission sanitaire au préfet, et au conseil départemental : quinze jours.

Avis du préfet aux intéressés de prendre communication du rapport de la commission sanitaire et convocation devant le conseil départemental : quinze jours.

Enquête, décision, et transmission au maire par l'intermédiaire du préfet : quinze jours.

Recours possible devant le conseil de préfecture, transmission de ce recours au maire avec invitation à produire les observations : quinze jours.

Convocation à l'audience : cinq jours.

Décision du conseil de préfecture et notification : cinq jours.

Délai de recours contre la décision du conseil de préfecture au Conseil d'Etat : deux mois.

Si dans le délai de deux mois ce recours a été réellement formé, la procédure continue avec de nouveaux délais — au minimum trois mois — en supposant que ni le conseil de préfecture ni le Conseil d'Etat, n'aient ordonné une mesure d'instruction complémentaire : enquête ou expertise.

Sans doute, l'intervention de ces multiples autorités, commissions, juridictions entraîneront des lenteurs préjudiciables aux intérêts de l'hygiène et de la santé publique. Il est à craindre que, dans certains cas, des mesures indispensables ne puissent être prises qu'après la manifestation de la contamination qu'il fallait prévenir. Il est vrai que l'administration n'est pas complètement désarmée : lorsque l'intérêt général exige une solution rapide, le préfet peut ordonner l'exécution immédiate des travaux les plus urgents, mais dans ce cas il ne peut prescrire que les mesures inscrites dans le règlement sanitaire en vigueur dans la commune. Il doit statuer par mises en demeure individuelles.

En vertu de l'article 3 il peut, sur la demande du maire, prescrire des mesures urgentes au cas « de danger imminent pour la santé publique ».

Le recours ne peut être formé que par les intéressés indiqués à l'article 12 à l'exclusion de tous autres, tels que locataires.

Le conseil de préfecture saisi ne pourra jamais aggraver les prescriptions de l'arrêté du maire, mais il aura le droit de les maintenir purement et simplement et même de les atténuer dans certains cas.

La procédure à suivre est réglée par la loi du 22 juillet 1889. La requête est déposée au greffe du conseil de préfecture, sur papier timbré, par un de ceux qui ont qualité pour intervenir ; elle est accompagnée d'une copie sur papier libre destinée à être communiquée au maire qui a pris l'arrêté attaqué. Le conseil désigne un rapporteur et fixe un délai de quinze jours au maximum, pour permettre au maire de présenter ses observations. Le mémoire du maire ainsi que les nouvelles observations produites, seront communiqués aux parties, mais, en raison de l'urgence, le conseil abrégera les délais, fixera la date de l'audience et, par lettre recommandée, convoquera, cinq jours à l'avance, les parties qui pourront fournir leurs observations orales en personne ou par mandataires.

En cas de nécessité, le Conseil aura toujours le droit d'ordonner une expertise, une enquête ou une visite des lieux, mais ces mesures d'instruction seront toujours contradictoires et les parties devront y être convoquées.

Au cas où l'expertise sera ordonnée, comment sera-t-elle faite ?

D'après la loi du 22 juillet 1889, une expertise devant le tribunal administratif doit toujours être confiée à un expert désigné par le conseil de préfecture auquel s'ajoutent autant d'autres experts qu'il y a de parties ayant des intérêts opposés. En matière de logements insalubres, au contraire, cette mission est accomplie par un seul expert que le Conseil d'Etat appelle expert vérificateur (C. E., 17 janvier

1908), car le maire représentant la puissance publique ne saurait être considéré comme partie en cause et être condamné aux dépens ou frais d'expertise.

Lorsque les délais du recours sont terminés ou lorsque toutes les voies de recours sont épuisées, l'arrêté du maire devient *exécutoire* et son inexécution se constate par un procès-verbal. Si les travaux ordonnés ne sont pas exécutés, le contrevenant est traduit devant le tribunal de simple police qui doit, par le seul fait de la non exécution constatée, le condamner à une amende de 1 à 5 francs et autoriser le maire à faire exécuter les travaux d'office, aux frais du contrevenant.

Si l'arrêté du maire prescrivait seulement l'interdiction d'habitation (1), le procès-verbal serait transmis par le procureur de la République au tribunal correctionnel qui condamnerait le contrevenant à

1. L'interdiction d'habitation ne peut être ordonnée que par voie de mesure individuelle. Elle ne saurait l'être d'une façon permanente, alors même qu'elle serait restreinte à l'habitation de nuit, par le règlement sanitaire. C'est le sens qu'il faut donner à la décision du Conseil d'Etat du 5 juin 1908 qui a annulé une prescription du règlement sanitaire du préfet de la Seine interdisant l'habitation permanente de nuit dans les sous-sols et dans les écuries par les motifs suivants : « Considérant que si le préfet de la Seine a pu édicter les conditions de salubrité auxquelles doivent satisfaire les écuries et les sous-sols, les dispositions par lesquelles il a interdit l'habitation permanente de nuit dans les locaux ne rentrent pas dans les mesures relatives à la salubrité des maisons et de leurs dépendances, qu'il lui appartient de prescrire par application du paragraphe 2 de l'article 1er et de l'art. 22 de la loi du 15 fév. 1902, modifiée par la loi du 7 avril 1903. »

une amende de 16 à 500 francs et autoriserait le maire à faire expulser à ses frais les occupants de l'immeuble. Il ne peut s'agir dans ce cas que d'une expulsion, car l'interdiction d'habitation n'empêcherait pas le propriétaire de louer pour un autre usage les pièces visées par l'arrêté et de les affecter par exemple à un dépôt de marchandises.

Dans le cas d'inexécution d'un arrêté du maire prescrivant des travaux de salubrité et une interdiction d'habitation pour les mêmes immeubles il y aura lieu de dresser deux procès-verbaux qui seront transmis l'un au tribunal de simple police, l'autre au tribunal correctionnel.

En vertu des articles 1 et 2 de la loi du 22 germinal an IV ou de l'article 475 § 12 du Code pénal, le maire pourra requérir tous ouvriers pour l'exécution des travaux prescrits ou pour l'expulsion des occupants de l'immeuble interdit.

Les crédits nécessaires pour l'exécution de ces travaux seront inscrits en dépenses au budget communal et les sommes déboursées seront portées en recette. Un arrêté de recouvrement du maire permettra au receveur municipal d'atteindre l'intéressé et d'en exiger le montant.

Dans le cas où il y aurait lieu d'exercer des poursuites contre plusieurs copropriétaires, l'administration pourra exiger la totalité de la créance de l'un quelconque d'entre eux, puisque leur dette est indivisible et que chacun d'eux, sauf son recours, est tenu pour le tout. (Art. 1222 du C. civ.).

La dépense engagée par la commune est d'ailleurs garantie — aux termes de l'article 15 — par un privilège sur les revenus de l'immeuble. Lorsque l'immeuble ne produit pas de revenus, le maire aura toujours le droit (art. 2123 du C. civ.) de prendre, en vertu d'un jugement, une inscription d'hypothèque sur tous les biens présents et à venir du propriétaire.

***

Ainsi donc, lorsqu'un maire, connaissant ses droits et ayant conscience de son devoir d'administrateur a constaté qu'un immeuble devenait dangereux pour la santé publique, il lui sera toujours possible d'intervenir utilement et de supprimer les causes du danger. Ce sera parfois au prix de nombreuses difficultés. Il sera souvent obligé de déployer une grande ténacité, mais il pourra toujours arriver au résultat désiré sans qu'il en coûte pécuniairement beaucoup à ses concitoyens. Ce que le législateur n'a pas encore suffisamment encouragé, c'est l'effort de certains propriétaires qui ne reculent pas devant la dépense pour donner à leurs immeubles ce qu'on est convenu d'appeler le confort moderne, et qui n'est en réalité qu'un souci d'hygiène.

Pour faciliter l'exécution des travaux d'assainissement, l'article 16 de la loi de 1902 exempte pendant cinq ans de la contribution des portes et fenêtres les propriétaires qui ont été dans l'obligation de pratiquer des ouvertures.

Ce léger encouragement n'est pas inutile si l'on songe qu'il y avait naguère encore en France — c'est le rapporteur de la loi qui le constate — « 219.270 maisons sans la moindre fenêtre, où l'air et la lumière n'arrivent aux malheureux qui habitent ces misérables taudis que par une porte ou par un trou pratiqué dans cette porte qu'il faut bien fermer à l'époque des pluies, des neiges et des grands froids » (1).

Ce n'est pas non plus un encouragement suffisant que d'avoir décidé (art. 17), que les résiliations de baux par suite d'exécution de la loi de 1902 ne comporteront aucuns dommages et intérêts en faveur des locataires.

## MAISONS A BON MARCHÉ

Le seul encouragement vraiment précieux découle de l'application de la nouvelle loi du 12 avril 1906, relative aux habitations à bon marché. Les comités départementaux prévus par cette loi malheureusement peu connue et surtout peu appliquée ont pour mission d'encourager la construction de maisons salubres. Le ministre du Travail dans une circulaire

1. Martin-Nadaud. Rapport, 1882.

du 27 février 1907 disait : « Les comités auront à se préoccuper de toutes les questions qui passionnent si justement l'opinion publique, questions de logements populaires salubres, d'épargne, de mutualité, d'assurance, de retraite... Il ne faudrait pas, d'un autre côté, omettre d'attirer très particulièrement l'attention publique sur l'effort qu'appelle l'assainissement des logis existants. Là même où pendant longtemps encore, faute de capitaux, on devra reculer devant la réédification en masse de maisons nouvelles, il restera possible par des sacrifices très sensiblement moindres, de procéder méthodiquement à l'adaptation hygiénique des maisons actuelles et de faire ainsi disparaître, au minimum de frais, les plus graves menaces d'insalubrité. Pour être moins séduisante que le libre développement de constructions neuves, cette tâche, au premier abord ingrate mais qui peut être si féconde en résultats modestes, devrait presque apparaître au premier plan. »

Les maisons à bon marché sont exonérées pendant douze ans, de la contribution foncière et de la contribution des portes et fenêtres, à condition qu'elles soient destinées à des personnes peu fortunées, que leur valeur locative ne dépasse pas un certain chiffre et qu'enfin le logement soit reconnu salubre après vérification des lieux par le comité de patronage.

Le ministre du Travail paraît disposé à développer ce nouveau mouvement. Il fait étudier par le comité permanent des dispositions permettant aux municipalités d'exproprier à leur valeur légitime, les maisons contaminées, qui sont si souvent une menace d'insalubrité pour des quartiers tout entiers.

Les départements et les communes ont d'ailleurs le devoir de seconder les efforts de ces sociétés de constructions. Les municipalités sages et prévoyantes ne devraient pas hésiter à assumer tout de suite certaines dépenses d'hygiène qui supprimeront pour l'avenir des dépenses d'assistance beaucoup plus considérables et légalement à leur charge : c'est en tout cas pour elles un impérieux devoir d'humanité.

« J'aime à croire, ajoute M. Viviani, que les municipalités intéressées comprendront le devoir qui leur incombe et ne laisseront pas inertes entre leurs mains, les armes nouvelles que le Parlement a voulu leur donner contre les fléaux qui désolent maintes agglomérations ouvrières. »

M. Henri Provensal, architecte de la fondation Rothschild, dans une étude récente : *L'Habitation salubre et à bon marché* préconise le chauffage mécanique par appartement, la distribution d'eau chaude dans les lavoirs, buanderies, salles de bains, l'éclairage électrique, la suppression des corniches, moulures, le remplacement des papiers par des peintures, l'enlèvement immédiat des détritus et il conclue que le capital peut s'intéresser à ces constructions tout en retirant une rémunération suffisante.

Cette constatation venant d'un spécialiste dont la compétence n'est pas douteuse, est particulièrement intéressante.

*
* *

Il est utile enfin de savoir comment l'administration entend le fonctionnement des comités locaux.

Le comité de patronage trouvera de nouveaux éléments d'information dans l'enquête récente, à laquelle il a été procédé, sur l'instigation du ministère du Travail et de la prévoyance sociale, à l'occasion du dénombrement de la population opéré le 4 mars 1906.

Par une circulaire du 13 janvier 1906, l'administration de l'Intérieur a, en effet, prescrit, dans toutes les villes comptant plus de 5.000 habitants, l'établissement, pour chaque maison, par l'agent recenseur, d'un tableau annexe permettant de connaître l'état de l'habitation au point de vue du surpeuplement et de la salubrité. Les états annexes relatifs à chaque maison ont dû être déposés aux archives communales. De son côté, par la circulaire du 16 mars 1906, la direction de l'assurance et de la prévoyance sociales au Ministère du Travail, faisait appeler l'attention des municipalités sur l'intérêt du dépouillement de ces états au point de vue de l'étude de l'amélioration du logement populaire, et sur la nécessité de les conserver avec le plus grand soin à la mairie, en vue d'enquêtes ultérieures plus détaillées. Enfin, pour répondre à un vœu du conseil supérieur, l'administration faisait en même temps recueillir par les municipalités des villes comptant plus de 5.000 habitants les éléments d'un relevé d'ensemble des habitations ouvrières, construites dans leurs communes par des patrons, des sociétés, des particuliers, en dehors de celles pour lesquelles a été demandé le bénéfice de la loi de 1894.

Chaque comité trouvera donc dans les résultats de ces premières enquêtes des éléments qui lui permettront de les pousser plus avant sur place, en même temps que de les étendre par analogie en dehors des villes de plus de 5.000 habitants.

Construire des habitations nouvelles n'est pas toujours nécessaire, ni désirable. Telle ville, tel centre manufacturier abonde en petits logements ; la quantité n'est pas en cause, la qualité seule fait défaut. En ce cas et en ce lieu, c'est vers un autre objectif, également prévu par le décret du 10 janvier 1907, que doit se porter l'activité du comité de patronage. Il doit rappeler alors que, si les constructions neuves exigent d'importantes ressources, il est souvent possible de réaliser au moins les assainissements les plus indispensables dans les immeubles existants ; des adductions d'eau, des canalisations pour le rejet des matières et des eaux de rebut, des ventilations habilement introduites, tels autres aménagements partiels que commande ou conseille l'état des lieux peuvent transformer modestement, mais efficacement, des taudis en demeures sainement habitables.

Dans le même esprit, il peut fonder et distribuer ces « prix d'ordre et de propreté » déjà tentés avec succès, mettre en jeu les amours-propres par des encouragements industrieusement ménagés, stimuler les indifférences faites d'ignorance, s'ingénier à mettre l'hygiène en honneur et poursuivre, par la réforme des habitudes morales autant que des défectuosités matérielles, la transformation des plus humbles foyers. Si le Parlement n'a pu encore ouvrir les crédits budgétaires que promettait déjà la loi de 1894, le comité de patronage, à défaut de subventions d'Etat, obtiendra sans doute à cet effet des allocations départementales ou communales. Plusieurs conseils généraux et municipaux ont déjà donné l'exemple : il ne peut manquer d'être suivi, si les comités savent mettre en relief l'importance du but qu'ils visent. Faut-il ajouter qu'en cette matière la valeur vénale des prix peut être singulièrement relevée par la manière de les attribuer et que des concours bien conçus peuvent, avec des ressources relativement faibles, provoquer des résultats importants ?

## CHAPITRE IV

# L'AGGLOMÉRATION

### LE RÈGLEMENT SANITAIRE

Sous Philippe-Auguste, la puanteur des rues de Paris était si grande qu'elle pénétrait jusque dans le palais du roi. C'est pour faire cesser cet état de choses qu'en 1148 on donnait l'ordre au prévôt de Paris de faire paver toutes les rues et places de la ville pour pouvoir les nettoyer.

En 1348, 1374, 1396, 1404, 1539, de nouvelles ordonnances prescrivent la propreté de la ville, imposent aux habitants de procéder chacun au-devant de sa maison, au nettoiement. Malgré ces défenses, Paris continue à être mal entretenu.

Le 30 avril 1663 le règlement général pour le nettoiement de la Ville de Paris est publié, on y lit :

Art. 25. — « Fait défenses à tous affineurs, orfèvres, maréchaux, serruriers, couteliers, etc., à tous ouvriers généralement quelconques de jeter dans la rue aucunes ordures, mâchefer, cendres et autres choses provenant de leurs métiers ; ainsi les jetteront dans les tombereaux lorsqu'ils passeront ».

Art. 27.— « Défenses aussi à tous bouchers, tueurs de porcs, harangères, etc., de jeter aucunes tripailles, boyaux, etc., ni autres choses dans lesdites rues ni dans les égouts de la ville, ni même dans les voiries destinées audit nettoiement ; ainsi les porteront ou les feront porter dans les fosses ordonnées pour cet effet ». Et le roi déclare qu'il ira lui-même inspecter à pied la propreté des rues.

L'article 193 de la Coutume de Paris prescrit que « tous propriétaires de maisons de la ville et faubourgs doivent toujours avoir retraits et privés suffisants en leurs maisons ». Un arrêt du Parlement du 13 septembre 1533 enjoint aux propriétaires « de faire faire en toute diligence et sans aucun retardement, des fosses à retrait, à peine de saisie des loyers des maisons pour en être les deniers employés à les faire faire ».

Le 30 juillet 1619, après une épidémie, une ordonnance fait boucher dans la huitaine tous les trous à fumiers.

Dans un même but de salubrité, de nombreuses ordonnances défendent de nourrir des animaux dans la ville.

Peu à peu Paris se nettoyait et ce progrès provint de la création des « voiries publiques », où devaient être portés les peaux, immondices, matières fécales, sang, bêtes mortes, etc.

Ces voiries étaient placées loin de la ville « car il est

à craindre que l'infection de l'air ne se communique aux maisons qui en sont trop proches et ne causent des maladies contagieuses ». Dulaure dans son *Histoire de Paris* dit que toutes ces voiries (buttes, monceaux ou mottes) furent une des causes factices de l'inégalité du sol de Paris. Ces amas, en effet, d'abord placés à l'extérieur des murs se trouvèrent ensuite à l'intérieur. La voirie de Montfaucon, située près des buttes Chaumont subsista jusqu'en 1840.

Cette réglementation était loin d'avoir une portée générale ; les Parlements avaient toute autorité en matière de règlements de salubrité ; ils s'en servaient d'une façon très variable et très différente ; ils attendaient trop souvent, pour agir, les désastres et les malheurs occasionnés par une épidémie.

***

Les lois municipales de la période révolutionnaire donnent aux maires les droits de police.

Aujourd'hui, les trois premiers articles de la loi du 15 février 1902 sur la protection de la santé publique prévoient et organisent la réglementation sanitaire communale, « ils donnent au pays les moyens de lutter avec efficacité contre les causes de mortalité ou de morbidité dont la science a démontré le caractère évitable ».

L'article 97 de la loi municipale du 5 avril 1884 accordait au maire le droit d'agir, mais, nous l'avons constaté précédemment, ce magistrat ne pouvait *intervenir* en vertu de ses seuls pouvoirs. Il ne pouvait même pas proposer à son conseil les mesures ayant un caractère communal, car les dépenses qui en résultaient n'étaient pas obligatoires, et les mesures qu'il pouvait imposer aux particuliers se heurtaient à une jurisprudence si restrictive que son action était vouée par avance à l'insuccès.

Les règlements que les maires prendront s'appliquent à la salubrité des maisons et de leurs dépendances : cours, courettes, impasses, allées, ruelles, voies privées appartenant au possesseur de l'immeuble ou même à plusieurs propriétaires d'une même agglomération. « Ces voies privées — dit le rapporteur de la loi au Sénat — qu'elles soient ou non closes à leurs extrémités par une grille, qu'elles possèdent ou non une concierge, font communiquer les maisons élevées sur le parcours avec une voie publique. Nous avons mentionné ici les voies privées pour qu'il n'y ait aucun doute sur la législation à leur égard et pour spécifier que le règlement sanitaire leur sera en tout point applicable. »

Les règlements sanitaires sont différents suivant qu'ils s'appliquent à de petites ou de grandes communes. M. le professeur Cornil, dans son rapport au comité consultatif d'hygiène publique dit en effet : « Pour les communes purement rurales dont la population est disséminée dans les fermes ou métairies isolées et où la population agglomérée n'est représentée que par quelques maisons bâties le long d'une route ou d'un chemin vicinal, un grand nombre de prescriptions indispensables à formuler dans les villes n'ont pas d'utilité. Si le ministère de l'Intérieur adressait aux municipalités des petites communes comme modèle unique de règlement sanitaire municipal, celui qui s'applique si bien aux grandes villes, le maire et son conseil pourraient être embarrassés. C'est pour leur venir en aide, pour mettre en relief les prescriptions hygiéniques les plus simples et surtout celles qui s'adaptent le mieux à la vie des champs que nous avons proposé et présenté au comité un projet sanitaire minimum. »

Le travail des maires est donc simplifié. Ils se trouvent en présence d'un texte préparé par une assemblée compétente et n'ont qu'à l'adapter aux circonstances locales.

Les *prescriptions* relatives à la salubrité des habitations, dans l'agglomération, sont nombreuses. Elles visent notamment l'aération et l'éclairage, les règles particulières applicables aux pièces destinées à l'habitation, les caves, les sous-sols, les rez-de-chaussée et étages, les hauteurs des maisons, les cours et courettes, les escaliers, le chauffage. Viennent ensuite les dispositions relatives à l'évacuation des matières usées qui sont des plus importantes pour l'assainissement du pays. Elles visent aussi les précautions à prendre pour assurer la bonne évacuation des résidus de la vie (1), l'étanchéité des fosses d'aisance (2), l'interdiction *des puits* et puisards absorbants, enfin les permis de construire.

Les mesures de salubrité sont applicables à tous les objets même réglés par des lois spéciales. Et ainsi l'écoulement direct et obligatoire à l'égout réglé par la loi du 10 juillet 1894, ou le nettoiment des façades des maisons, objet du décret de 1852, pourront être rendus obligatoires aux maisons situées dans les voies privées ou dans des cours intérieures, par le règlement.

Les causes d'insalubrité ne seront d'ailleurs pas seulement celles qui tiennent à l'immeuble : insuffisance d'air, de jour, absence d'eau, etc., mais encore celles qui proviennent de l'extérieur et qui sont tout à fait étrangères : telles que les odeurs émanant de l'écoulement des eaux, des fossés ou des puisards.

Les pouvoirs des maires s'étendent à toutes les constructions, quelle qu'en soit la nature, aussi bien aux édifices publics : casernes, écoles, etc., qu'aux propriétés privées (3).

Le règlement sanitaire contiendra donc des dispositions applicables à toutes les voies publiques ou

1. Voir p. 171.
2. *Id.* 169.
3. En vertu de l'article 21, les conseils départementaux d'hygiène et les commissions sanitaires de circonscription doivent être consultés sur les grands travaux d'utilité publique, les constructions d'édifices, écoles, prisons, casernes, ports, canaux, etc.

privées, et à toutes les maisons existantes ou à construire. Toutefois, dans cette énumération générale, une distinction s'impose. Elle est basée sur le respect du passé, c'est-à-dire des droits acquis par les propriétaires des voies privées et des maisons existantes. Le règlement sanitaire devra traiter différemment les maisons à construire ou les voies privées existantes. Les travaux préparatoires de la loi de 1902 impliquent d'une façon certaine que ces différentes catégories d'immeubles ou de voies ne doivent dans le règlement être visées ni au même titre, ni dans les mêmes conditions.

L'exposé des motifs du premier projet du gouvernement, après avoir indiqué les prescriptions essentielles que devait contenir le règlement sanitaire pour les constructions à venir, ajoutait : « Il conviendra également de comprendre dans ce règlement les conditions indispensables pour l'assainissement des maisons déjà construites ». M. Cornil, d'autre part, dans son rapport au Sénat, indiquait que si les immeubles existants devaient faire l'objet de quelques dispositions du règlement sanitaire, ils devaient surtout être soumis au régime des mesures individuelles sanctionnées par la procédure des articles 12 et suivants.

Ces différentes catégories d'immeubles ou de voies privées doivent donc jouir d'un traitement différent et n'être par suite réglées ni avec les mêmes textes, ni avec la même rigueur. Le règlement ne leur imposera que les conditions jugées absolument indispensables pour assurer leur salubrité.

Les mesures édictées par le règlement sanitaire ne devront pas porter atteinte à *l'économie* de ces immeubles, c'est-à-dire ne pas entraîner de modifications profondes à leur construction ou à leur aménagement.

La jurisprudence est déjà fixée dans se sens. Elle semble disposée à n'admettre dans les règlements sanitaires, en ce qui concerne les immeubles existants, que de légères atteintes au droit de propriété. Elle semble ne donner à ces règlements le droit de n'imposer, alors même que l'économie des constructions pourrait subir une modification, que deux catégories de mesures auxquelles le législateur de 1902 a attaché une importance particulière : ce sont les mesures relatives à l'alimentation en eau potable et à l'évacuation des matières usées. Tel est tout au moins le sens de l'arrêt du Conseil d'Etat du 5 juin 1908 rendu sur le pourvoi de propriétaires demandant l'annulation du règlement sanitaire de la Ville de Paris en tant qu'il édictait des dispositions relatives aux maisons existantes. Il s'exprime ainsi :

Considérant que les dispositions de l'article 1er § 2 de la loi du 15 février 1902 sont générales et concernent toutes les propriétés de la commune, quelle qu'en soit la nature, sans distinguer entre les immeubles à construire et les immeubles déjà construits, que le règlement sanitaire s'applique donc aux uns comme aux autres ; que toutefois le pouvoir de l'autorité municipale à l'égard des immeubles déjà construits n'est pas le même qu'à l'égard des immeubles à construire, et qu'il appartient au juge de vérifier séparément, pour chacune de ces deux catégories d'immeubles, si l'administration n'a pas excédé la limite des charges qu'elle est en droit de leur imposer dans l'intérêt de la santé publique ;

Considérant qu'en ce qui concerne les immeubles déjà construits, le règlement sanitaire ne doit pas, en principe, prescrire de conditions ayant pour effet de modifier la construction ou l'aménagement des bâtiments, à moins qu'il ne s'agisse de mesures dont la nécessité est absolument démontrée pour assurer la sécurité publique, notamment de travaux en vue de l'évacuation des matières usées et de l'alimentation en eau potable, lesquelles sont spécialement visées par le paragraphe 2 de l'article 1er précité, qu'en dehors de ce cas de nécessité absolue, les travaux d'une semblable importance ne doivent pas être prescrits par voie de dispositions réglementaires s'appliquant à l'ensemble des habitations, mais peuvent seulement être imposés, le cas échéant, à titre de mesure individuelle, aux immeubles dont l'insalubrité viendrait à être constatée dans les conditions prévues par l'article 12 de la loi ;

Le Conseil d'Etat, en vertu des principes exposés dans cette décision, n'admet dans l'examen du règlement sanitaire de la Ville de Paris, en ce qui concerne les maisons existantes, des mesures d'une certaine gravité que lorsque leur nécessité est absolument démontrée.

C'est ainsi que sont annulés les articles du règlement sanitaire du préfet de la Seine relatifs aux conditions d'aérage et d'éclairage des maisons, aux vues directes sur les voies privées et cours et courettes, et à l'éclairage et l'aérage directs pour les cabinets d'aisances par les motifs « que ces mesures auraient pour effet de porter atteinte à l'économie des bâtiments dans un cas où la nécessité de leur réalisation immédiate n'est pas démontrée à l'égard de l'ensemble des habitations de la ville de Paris » et que par suite « les requérants sont fondés à soutenir qu'en tant qu'elles s'appliquent aux immeubles déjà construits, elles excèdent la limite des pouvoirs du préfet de la Seine. »

Le Conseil d'Etat, dans une autre décision de la date même,5 juin 1908,a annulé une prescription de l'ordonnance du préfet de police en date du 1er juillet 1905 en tant qu'elle exigeait « que les garnis existants eussent une hauteur sous plafond de 2 m. 50 » par les motifs qu'une telle prescription impliquait pour tous les immeubles déjà construits et affectés à l'usage de garni, l'exécution de travaux portant atteinte à l'économie des bâtiments, dans un cas où la nécessité d'un trouble aussi grave n'est pas commandée d'une façon absolue par l'intérêt de la santé publique à l'égard de tous les immeubles de cette nature et ne justifie pas l'intervention du pouvoir réglementaire ».

Il annule également une autre prescription de cette ordonnance, imposant pour l'évacuation des matières des cabinets d'aisances l'usage exclusif de la « chasse d'eau » dans les immeubles déjà construits, où des garnis viendraient à être établis, par les motifs : « que le système de la « chasse d'eau » qui comporte, en effet, un mode spécial de vidanges, peut entraîner des modifications importantes dans l'aménagement de l'immeuble, et que l'établissement d'un garni dans un immeuble déjà construit n'entraîne pas nécessairement une pareille transformation ».

Comme juge au contentieux, le Conseil d'Etat s'inspire de cette même jurisprudence qu'il applique comme juge des excès de pouvoir. Lorsqu'un propriétaire vient soutenir qu'en raison de la situation de son immeuble et de son mode de construction les travaux de salubrité qu'on lui impose sont en quelque sorte impossibles, il chargera un expert vérificateur de rechercher si d'autres travaux moins dispendieux et plus appropriés à la construction ne pourraient pas également assurer la salubrité de l'immeuble. (Cons. d'Etat, 17 janv. 1908.)

Les règlements sanitaires contiennent aussi certaines prescriptions destinées à être appliquées tout de suite pour remédier à l'insalubrité ou à l'assainissement des locaux ou des installations.

Il est intéressant de publier ici les modèles de règlements élaborés par le comité consultatif d'hygiène publique de France et destinés aux agglomérations urbaines ou aux communes rurales.

## Règlement sanitaire municipal applicable aux villes, bourgs ou agglomérations

### TITRE I. — SALUBRITÉ

*Règles générales de salubrité des habitations*

ARTICLE PREMIER. — Les habitations seront aérées et éclairées largement. Leurs revêtements intérieurs seront maintenus en état de propreté parfaite. Elles seront munies de moyens d'évacuation des eaux pluviales, des eaux ménagères et des matières usées.

*Pièces destinées à l'habitation*

ART. 2. — Toute pièce pouvant servir à l'habitation soit de jour, soit de nuit, c'est-à-dire toute pièce dans laquelle le séjour peut être habituel de jour ou de nuit, aura une capacité d'au moins 25 mètres.

Elle sera aérée et éclairée directement sur rue ou sur cour par une ou plusieurs baies. L'ensemble de celles-ci présentera une surface d'au moins 2 mètres carrés, et au moins un mètre carré en plus pour chaque fois 30 mètres cubes. Ces dimensions pourront avoir une superficie de 1 m. 50 par chaque fois 20 mètres cubes, pour les pièces habitables de l'étage le plus élevé.

ART. 3. — Les jours de souffrance ne pourront jamais être considérés comme baies d'aération.

*Caves*

ART. 4. — Les caves ne pourront servir à l'habitation de jour ou de nuit. Elles seront toujours ventilées par des soupiraux communiquant avec l'air extérieur.

Il est interdit d'ouvrir une porte ou trappe de communication avec une cave dans une pièce destinée à l'habitation de nuit.

*Sous-sols*

ART. 5. — Les sous-sols destinés à l'habitation de jour auront chacune de leurs pièces aérée et éclairée au moyen de baies ouvrant sur rue ou sur cour et ayant les dimensions indiquées à l'article 2.

L'habitation de nuit est interdite dans les sous-sols.

*Rez-de-chaussée et étages*

ART. 6. — Le sol et les murs des locaux du rez-de-chaussée seront séparés des caves ou des terre-pleins par une couche isolante imperméable placée en contre-haut du sol extérieur.

ART. 7. — Dans les bâtiments, de quelque nature qu'ils soient destinés à l'habitation de jour ou de nuit, la hauteur des pièces, ne sera pas inférieure aux dimensions suivantes, mesurées sous plafond : 2 m. 60 pour le sous-sol ; 2 m. 80 pour le rez-de-chaussée et l'étage situé immédiatement au-dessus ; 2 m. 60 pour les autres étages. La profondeur des pièces habitées ne pourra dépasser le double de la hauteur de l'étage.

ART. 8. — A l'étage le plus élevé du bâtiment, la hauteur minimum de 2 m. 60 sera mesurée à la partie la plus haute du rampant. Toute chambre lambrissée aura au moins une surface de plafond horizontal d'au moins 2 mètres. La partie lambrissée comprendra une couche de matériaux protégeant l'occupant, autant que possible, contre les variations atmosphériques.

*Hauteur des maisons*

ART. 9. — La hauteur des maisons, mesurée, sur le point milieu de la façade, entre le niveau du trottoir ou le revers du pavé au pied de cette façade et la ligne de faîte de l'immeuble, n'excédera pas les dimensions suivantes en rapport avec la largeur réglementaire de la voie :

| | |
|---|---|
| Voies de moins de 12 mètres.. | Hauteur de 6 mètres augmentée d'une dimension égale à la largeur de la voie. |
| Voies de 12 à 15 mètres...... | Hauteur de 19 mètres. |
| Voies de 15 mètres et au-dessus. | Hauteur de 20 mètres. |

Pour le calcul de la cote de hauteur, toute fraction de mètre de la voie sera comptée pour un mètre.

Art. 10. — Lorsque les voies sont en pentes, la façade des bâtiments en bordure sera divisée, pour le calcul de la hauteur, en section ne pouvant dépasser 30 mètres. La cote de hauteur de chaque section sera prise au point milieu de chacune d'elles.

Art. 11. — Pour les bâtiments compris entre des voies d'inégales largeurs ou de niveaux différents, la hauteur de chacune des façades sur rue ne pourra dépasser celle qui est fixée en raison de la largeur ou du niveau de la voie sur laquelle elle s'élève.

*Cours et courettes*

Art. 12. — Les cours sur lesquelles prennent jour et air des pièces pouvant servir à l'habitation soit de jour, soit de nuit, auront une surface d'au moins 30 mètres carrés.

Art. 13. — Les cours, dites courettes, sur lesquelles sont exclusivement aérées et éclairées des pièces qui ne peuvent être destinées à l'habitation, auront une surface de 15 mètres carrés au moins.

Art. 14. — Il est interdit de placer des combles vitrés au-dessus des cours ou des courettes, à moins qu'il ne soit établi à la partie supérieure de ces cours ou courettes, ainsi qu'à leur partie inférieure, des prises d'air assurant une ventilation efficace dans toute la hauteur.

Art. 15. — Les vues directes prises dans l'axe de chaque baie des pièces servant à l'habitation de jour et de nuit et donnant sur des cours ne seront pas inférieures à 4 mètres.

Art. 16. — Au dernier étage des bâtiments, les pièces servant à l'habitation de jour ou de nuit peuvent exceptionnellement prendre jour et air sur des courettes.

*Escaliers*

Art. 17. — Les escaliers seront aérés et éclairés dans toutes les parties.

*Chauffage*

Art. 18. — Dans toute pièce habitable contenant une cheminée, celle-ci sera pourvue d'une prise d'air d'amenée de l'air extérieur.

Art. 19. — Les fourneaux de cuisine, fixes ou mobiles, brûlant du bois, du charbon, du coke, du gaz ou des combustibles liquides, seront surmontés d'une hotte raccordée sur un conduit de fumée. Dans le cas contraire, ils devront être efficacement ventilés. Les clefs destinées à régler le tirage de ces conduits de fumée ne pourront jamais être installées de façon à fermer complètement la section de ces conduits.

Art. 20. — Les tuyaux de fumée s'élèveront à 0 m. 40 au moins au-dessus de la partie la plus élevée de la construction.

Art. 21. — Les prises d'air des calorifères ne pourront se faire qu'à l'extérieur.

Art. 22. — Les appareils de chauffage seront construits et installés de telle sorte qu'il ne s'en dégage, à l'intérieur des pièces habitables, ni fumée ni aucun gaz pouvant compromettre la santé des habitants.

*Alimentation d'eau*

Art. 23. — Dans les agglomérations pourvues d'une distribution publique d'eau potable, les habitations en bordure des rues parcourues par une canalisation lui seront reliées par un branchement spécial. Celui-ci desservira, autant que possible, les différents étages en cas de locations multiples de ces immeubles, ou tout au moins l'usage de l'eau potable sera assuré à tous les locataires.

Art. 24. — Dans le cas où un immeuble est, en outre, desservi par une canalisation d'eau non potable, cette canalisation sera rendue distincte par une couche de peinture de couleur déterminée, et il n'existera aucune communication dans les maisons entre les deux réseaux de distribution.

Art. 25. — S'il n'existe pas dans l'agglomération de distribution publique d'eau potable, toutes les maisons seront néanmoins pourvues d'eau de lavage.

Art. 26. — Tout appareil de puisage ou de prise d'eau sera établi de telle sorte qu'il ne devienne une cause d'humidité pour la construction.

Art. 27. — Les réservoirs d'eau potable auront leurs parois formées de matières qui ne puissent être altérées par les eaux. Le plomb en sera exclu.

Ils seront hermétiquement clos à leur partie supérieure, de façon que les poussières, les liquides ou toutes autres matières étrangères n'y puissent pénétrer.

Ils seront soustraits au rayonnement solaire et éloignés des conduits d'évacuation des eaux ménagères et des matières usées. Leur partie inférieure sera munie d'un robinet de nettoyage.

Ils seront tenus en état constant de propreté.

Art. 28. — Aucun puits ne pourra être utilisé pour l'alimentation privée ou publique, s'il n'est situé à une distance convenable des cabinets et fosses d'aisances, de fumiers et dépôts d'immondices.

Art. 29. — Les parois des puits seront étanches. Ils seront fermés à leur orifice et protégés contre toute infiltration d'eaux superficielles par l'établissement d'une aire en maçonnerie bétonnée, large d'environ 2 mètres, hermétiquement rejointe aux parois des puits et légèrement inclinée du centre vers la périphérie.

Art. 39. — Les puits seront tenus en état constant de propreté. Il sera procédé, en outre, à leur nettoyage ou à leur désinfection, sur injonction du maire, après avis conforme du bureau d'hygiène ou de l'autorité sanitaire, dans les conditions prévues à l'article 12 de la loi du 15 février 1902.

Art. 31. — Les puits hors d'usage seront fermés et ceux dont l'usage est interdit à titre définitif seront comblés jusqu'au niveau du sol.

Art. 32. — En cas d'usage de l'eau de citerne pour l'alimentation, les parois de cette citerne et les tuyaux d'amenée seront imperméables.

L'orifice des citernes sera clos et l'eau ne pourra y être puisée qu'à l'aide d'une pompe ou d'un robinet siphoné, suivant le cas. Des dispositions seront prises pour que les premières eaux de pluie ne soient pas versées dans les citernes.

*Evacuation des eaux pluviales*

Art. 33. — Des chéneaux et gouttières étanches de dimensions appropriées recevront les eaux pluviales à la partie basse des couvertures, de façon à les diriger rapidement, sans stagnation, vers les orifices des tuyaux de descentes.

Art. 34. — Il est interdit de projeter des eaux usées, de quelque nature qu'elles soient, dans les chéneaux et gouttières.

Art. 35. — Dans les maisons en bordure de rues munies d'égouts, le sol des cours et courettes sera revêtu en matériaux imperméables avec des pentes convenablement réglées pour diriger les eaux pluviales sur les orifices d'évacuation (entrées d'eau).

Les entrées seront munies d'une occlusion hermétique et permanente et raccordées sur les conduits d'évacuation.

*Evacuation des eaux et matières usées*

Art. 36. — Dans toute maison, il y aura, par appartement, qu'elle qu'en soit l'importance, à partir de trois pièces habitables (non compris la cuisine), un cabinet d'aisances installé dans un local éclairé et aéré directement.

Un évier ou un poste d'eau sera annexé à ce cabinet toutes les fois que la canalisation le permettra. Cet évier ou ce poste d'eau comportera un robinet d'amenée pour l'eau de lavage et un vidoir pour l'évacuation des eaux usées.

Art. 37. — Il sera établi, également et dans les mêmes conditions, pour le service des pièces habitables louées isolément ou par groupe de deux, un cabinet d'aisances par cinq pièces habitables, et un poste d'eau autant que possible par dix pièces habitables.

Art. 38. — Dans les établissements à usage collectif, le nombre des cabinets d'aisances sera déterminé en prenant pour base le nombre des personnes appelées à faire usage des cabinets et la durée de séjour de ces personnes dans lesdits établissements.

Art. 39. — Les cabinets d'aisances seront munis de revêtements lisses et imperméables, susceptibles d'être facilement lavés ou blanchis à la chaux. Ils seront suffisamment éclairés et aérés ; leur baie d'aération sera installée de telle sorte qu'elle puisse rester ouverte en permanence.

Art. 40. — Les cabinets d'aisances installés dans les maisons ne communiqueront directement ni avec les chambres à coucher ni avec les cuisines. En aucun cas ils n'y prendront air ni lumière.

Art. 41. — Dans les agglomérations pourvues d'un réseau d'égout susceptible de recevoir des matières de vidanges, les habitations des rues desservies par ce réseau y seront reliées par des conduites convenablement établies. Les cabinets d'aisances seront munis d'une cuvette avec occlusion hermétique et permanente ; des dispositions y seront prises pour assurer le lavage complet de cette cuvette.

Art. 42. — Lorsque les conduits d'évacuation des matières usées aboutissent à des fosses ou à des tinettes, les cabinets d'aisances pourront être simplement munis d'un vase étanche à occlusion permanente inodore.

Les fosses d'aisances seront rigoureusemeut étanches.

Art. 43. — Les conduits et canalisations destinés à recevoir les matières des cabinets d'aisances auront leurs revêtements intérieurs lisses, imperméables. Ils seront installés de telle sorte qu'aucune matière n'y puisse séjourner. Les joints seront hermétiques.

Les canalisations seront munies de tuyaux dits d'évent. Ceux-ci seront prolongés au-dessus des parties les plus élevées de la construction ; ils seront établis de manière à ne jamais déboucher soit au-dessous, soit à proximité des fenêtres ou des réservoirs d'eau.

Art. 44. — Lorsque les conduits des cabinets d'aisances sont reliés à des égouts publics, chacun d'eux aura à son pied une occlusion hermétique et permanente, disposée de telle sorte qu'aucun reflux de l'air de l'égout ne puisse se faire dans l'habitation.

Art. 45. — Il est interdit de déverser directement ou indirectement dans les cours d'eau aucune matière excrémentitielle.

Art. 46. — Les conduits d'évacuation des éviers, lavabos, vidoirs, bains, etc., s'il existe des égouts publics, seront indépendants de ceux des cabinets d'aisances et leur raccord avec l'égout sera établi comme pour ces derniers.

Art. 47. — Tous ouvrages appelés à recevoir des matières usées, avec ou sans mélange d'eaux pluviales,d'eaux ménagères ou de tous autres liquides, tels qu'égouts, conduits, tinettes, fosses, puisards, etc., auront leurs revêtements intérieurs lisses et imperméables.

Leurs dimensions seront proportionnées au volume des matières qu'ils reçoivent. Leurs communications avec l'extérieur seront établies de telle sorte qu'aucun reflux de liquides, de matières ou de gaz nocifs ne puisse se produire dans l'intérieur des habitations.

Art. 48. — Il est interdit de jeter, dans les ouvrages destinés à la réception ou à l'évacuation des eaux pluviales, des eaux ménagères et des matières usées, des objets quelconques capables de les obstruer.

Art. 49. — Les puits et puisards absorbants seront interdits.

Art. 50. — Les écuries et étables auront leur sol imperméable. Elles seront convenablement éclairées et aérées. Si leur aération exige des conduits spéciaux, ceux-ci s'élèveront au-dessus du point le plus élevé de la construction.

Les fumiers et purins seront déposés ou recueillis sur des emplacements ou dans des fosses étanches ; ils seront enlevés aussi fréquemment que possible.

*Permis de construction* (1)

Art. 51. — A dater de la publication du présent règlement, aucun immeuble destiné à l'habitation de jour et de nuit ne pourra être construit s'il ne satisfait pas aux prescriptions qui précèdent.

Les mêmes dispositions seront applicables aux grosses réparations.

Les propriétaires, architectes ou entrepreneurs présenteront à cet effet et avant tout commencement de travaux, un ou plusieurs plans en double exemplaire. Il en sera donné récépissé.

Si les prescriptions réglementaires sont observées, l'autorisation sera délivrée dans le plus bref délai possible. Un double du permis et des plans sera conservé à la mairie.

Si des modifications sont reconnues nécessaires, ou s'il y a lieu de refuser l'autorisation, la décision sera notifiée dans un délai de vingt jours.

*Entretien des habitations*

Art. 52. — Les façades sur rue, sur cour ou sur courette seront maintenues en état de propreté, ainsi que le sol des cours et courettes.

Les parois des allées, vestibules, escaliers et couloirs à usage commun seront lessivés ou blanchis à la chaux au moins tous les cinq ans.

Les murs, les plafonds et les boiseries des cabinets d'aisances à usage commun seront lessivés ou blanchis à la chaux chaque année.

## Titre II. — Prophylaxie des maladies transmissibles

*Maladies transmissibles*

Art 53. — En vertu de l'article 4 de la loi du 15 février 1902 et conformément à l'article 1er du décret du 10 février

1. Dans les agglomérations de 20.000 habitants et au-dessus,

1903, les précautions à prendre pour prévenir ou faire cesser les maladies transmissibles dont la déclaration est obligatoire sont déterminées, notamment en ce qui concerne l'isolement du malade et la désinfection, dans les conditions ci-après.

ART. 54. — Les mêmes mesures sont applicables en cas de l'une des maladies énumérées dans la 2ᵉ partie de l'article 1ᵉʳ du décret précité du 10 février 1903, sur la demande des familles, des chefs de collectivités publiques ou privées, des administrations hospitalières ou des bureaux d'assistance, après entente avec les intéressés.

*Isolement*

ART. 55. — Tout individu atteint d'une des maladies prévues aux articles qui précèdent sera isolé de telle sorte qu'il ne puisse propager cette maladie par lui-même ou par ceux qui sont appelés à le soigner.

L'isolement sera pratiqué soit à domicile, soit dans un local spécialement aménagé à cet effet, soit à l'hôpital.

ART. 56. — Jusqu'à la disparition complète de tout danger de transmission, on ne laissera approcher du malade que les personnes appelées à le soigner. Celles-ci prendront des précautions convenables pour éviter la propagation du mal.

*Transport des malades*

ART. 57. — Le transport du malade sera autant que possible effectué par une voiture spéciale désinfectée après le voyage.

Dans le cas où, à défaut de voiture spéciale, il serait fait usage d'une voiture publique ou privée, ce véhicule devra être désinfecté immédiatement après le transport, sous la responsabilité de ses propriétaire et conducteur, qui pourront exiger un certificat de désinfection.

ART. 58. — Il est interdit à toute personne atteinte d'une

aucune habitation ne peut être construite sans un permis du maire (art. 11 de la loi du 15 février 1902).

des maladies transmissibles visées aux articles 53 et 54 de pénétrer dans une voiture affectée au transport en commun.

S'il s'agit de transport par chemin de fer, le chef de gare devra être prévenu à l'avance pour permettre l'application de l'article 60 du règlement sur la police des chemins de fer modifié par décret du 1er mars 1901.

*Désinfection*

Art. 59. — Il est interdit de déverser aucune déjection ou excrétion (crachats, matières fécales, etc.) provenant d'un malade atteint d'une affection transmissible sur les voies publiques ou privées, dans les cours, dans les jardins ou sur les fumiers.

Ces déjections ou excrétions seront recueillies dans des vases spéciaux ; elles seront désinfectées et exclusivement projetées dans les cabinets d'aisances.

Art. 60. — Pendant toute la durée d'une maladie transmissible, les objets à usage personnel ou domestique du malade et des personnes qui l'assistent, de même que les objets contaminés ou souillés, seront désinfectés.

Art. 61. — Il est interdit, sans désinfection préalable, de jeter, secouer ou exposer aux fenêtres aucun linge, vêtement, objet de literie, tapis ou tenture ayant servi au malade ou provenant des locaux occupés par lui.

Art. 62. — Le nettoyage de la pièce et des objets qui la garnissent se fera exclusivement pendant toute la durée de la maladie, à l'aide de linges, étoffes, tissus ou substances imprégnés de liquides antiseptiques.

Art. 63. — Il est interdit d'envoyer, sans désinfection préalable, aux lavoirs publics ou privés ou aux blanchisseries, des linges et effets à usage, contaminés ou souillés.

Dans le cas où le lavage de ces objets y aurait été néanmoins pratiqué, le propriétaire du lavoir ou de la blanchisserie tiendra l'établissement fermé jusqu'à ce que l'assainissement et la désinfection prescrits par l'autorité sanitaire aient été effectués.

Il est également interdit d'envoyer sans désinfection préalable, aux établissements industriels qui pratiquent le cardage ou l'épuration proprement dite, des matelas, literies et couvertures ayant servi à des malades atteints de maladies transmissibles.

Art. 64. — Les locaux occupés par le malade seront désinfectés aussitôt après son transport en dehors de son domicile, sa guérison ou son décès.

L'exécution de cette prescription pourra être constatée par un certificat délivré aux intéressés sur leur demande. Ce certificat ne mentionnera ni le nom du malade, ni la nature de la maladie ; il désignera les locaux désinfectés.

*Sortie des malades*

Art. 65. — Après guérison, le malade ne sortira qu'après avoir pris les précautions convenables de propreté et de désinfection.

Dans le cas où le malade soigné dans un établissement hospitalier sortirait de cet établissement, pour quelque motif que ce soit, avant que tout danger de contamination ait disparu pour les personnes avec lesquelles il pourrait se trouver en contact, l'avis doit en être immédiatement donné au maire par le médecin traitant ou le chef de service responsable. Cet avis, formulé dans les mêmes conditions que la déclaration de maladie, doit indiquer le domicile ou le lieu auquel le malade sortant a déclaré se rendre.

Art. 66. — Les enfants ne pourront être réadmis à l'école, soit publique, soit privée, qu'après un avis favorable du médecin traitant et l'autorisation du médecin-inspecteur de l'école.

*Refuges et asiles*

Art. 67. — Dans les établissements publics ou privés recueillant, à titre temporaire ou permanent, des personnes sans asile, les vêtements et effets à usage de celles-ci seront aussitôt désinfectés.

La désinfection du matériel et des locaux de ces établissements sera pratiquée chaque jour, pour toute la partie du matériel ayant servi aux réfugiés et des locaux qu'ils ont occupés.

### *Procédés de désinfection*

Art. 68. — La désinfection sera pratiquée, soit par les services publics, soit par les particuliers, dans les conditions prescrites par l'article 7 de la loi du 15 février 1902, notamment en ce qui concerne l'approbation préalable des procédés par le ministre de l'Intérieur.

Art. 69. — Les appareils de désinfection employés dans la commune à la désinfection obligatoire sont soumis à une surveillance permanente exercée par le bureau d'hygiène (1).

L'emploi de ces appareils sera suspendu, à titre temporaire ou définitif, s'il est établi qu'ils ne fonctionnent plus dans les conditions prévues par le certificat de mise en service ou que les détériorations constatées ne permettent plus leur fonctionnement normal.

### *Cadavres*

Art. 70. — Les cadavres des personnes mortes de maladies transmissibles seront isolés le plus promptement possible.

Les dispositions nécessaires seront immédiatement prises pour assurer la mise en bière et l'inhumation, en exécution du décret du 27 avril 1889.

## Titre III. — Dispositions générales

Art. 71. — Une surveillance spéciale est exercée, au point de vue de la qualité de l'eau potable, sur les établissements ouverts au public, tels que cafés, restaurants ou débits, L'usage de toute eau reconnue malsaine est interdite par arrêté du maire. Les puits ou citernes dont l'eau servant d'eau potable serait reconnue malsaine seront immédiatement fermés.

1. Cet article ne devra être inséré au règlement que dans les communes ayant 20.000 habitants, et, conséquemment possédant un bureau d'hygiène. Dans les autres communes, le contrôle devra être organisé par l'arrêté départemental.

ART. 72. — Les lavoirs seront largement aérés. Les revêtements de leurs parois seront lisses et imperméables ; le sol aura des rigoles d'écoulement.

Leurs bassins seront étanches, tenus avec la plus grande propreté, vidés, nettoyés et désinfectés au moins une fois par mois.

ART. 73. — Si les matières de vidange sont utilisées pour des cultures, elles seront recueillies et transportées dans des récipients clos jusqu'à leur dépôt sur les terrains auxquels elles sont destinées.

ART. 74. — Il est interdit de déverser des matières de vidange et des eaux d'égout sur des champs où sont cultivés à ras du sol des légumes et des fruits destinés à être consommés crus.

ART. 75. — Les prescriptions des articles qui précèdent sont applicables aux établissements collectifs ou publics, aux administrations publiques, ainsi qu'aux édifices publics.

Art. 76. — Pour l'exécution des prescriptions formulées par les articles 23 et 25 (alimentation en eau), 41 (évacuation des matières usées), 42 (fosses d'aisances) et 48 (puits et puisards absorbants) il sera accordé un délai maximum de......, à partir de la publication du présent règlement.

## TITRE IV. — PÉNALITÉS.

ART. 77. — Les contraventions aux dispositions du présent règlement seront poursuivies conformément à l'article 27 de la loi du 15 février 1902 et passibles des pénalités prévues tant par cet article que par l'article 471 du Code pénal, sans préjudice de l'application des articles 28, 29, 30, ainsi que des contraventions dites de grande voirie qui leur seraient applicables.

## Règlement sanitaire municipal applicable aux communes ou parties de communes rurales

### *Habitations*

Article premier. — Dans les constructions neuves, les parois construites en pierre, brique ou bois seront enduites ou tout au moins badigeonnées à l'intérieur à la chaux. Les constructions en pisé ne pourront être élevées que sur une fondation hourdée en chaux hydraulique jusqu'à 30 centimètres au-dessus du sol.

Art. 2. — La couverture et la sous-couverture à paille des maisons, granges, écuries et étables sont interdites.

Art. 3. — Le sol du rez-de-chaussée, s'il n'est pas établi sur caves, devra être surélevé de 30 centimètres au moins au-dessus du niveau extérieur ; quand il repose immédiatement sur terre pleine, le dallage, le carrelage, ou le parquet, devra être placé sur une couche de béton imperméable. Le sol en terre battue est interdit.

### *Cuisines*

Art. 4. — La cuisine, pièce commune, doit être largement pourvue d'espace, d'air et de lumière.

Tout foyer de cuisine doit être placé sous une hotte munie d'un tuyau de fumée montant de 40 centimètres au moins au-dessus de la partie la plus élevée de la construction.

La cuisine sera munie d'un évier.

### *Chambres à coucher*

Art. 5. — Toute pièce servant à l'habitation de jour et de nuit sera bien éclairée et ventilée. Elle sera haute au moins de 2 m. 60 sous plafond, et d'une capacité d'au moins 25 mètres cubes. Les fenêtres ne mesureront pas moins d'un mètre et demi superficiel.

Art. 6. — Les cheminées, fours et appareils quelconques de chauffage seront aménagés de façon à ce qu'il ne s'en dégage à l'intérieur de l'habitation ni fumée ni gaz toxique et seront pourvus de tuyaux de fumée élevés de 40 centimètres au moins au-dessus du faîte de la maison.

ART. 7. — L'habitation de nuit est interdite dans les caves et sous-sols.

*Eaux d'alimentation*

ART. 8. — Les sources seront captées soigneusement et couvertes.

ART. 9. — Les puits seront fermés à leur orifice ou garantis par une couverture surélevée. Leur paroi de pierre ou brique sera hourdée en mortier de chaux hydraulique ou de ciment. Elle devra surmonter le sol de 50 centimètres au moins et être couverte d'une margelle en pierre dure.

Les puits seront protégés contre toute infiltration d'eaux superficielles par l'établissement d'une aire en maçonnerie bitumée large d'environ 2 mètres, hermétiquement rejointe aux parois des puits et légèrement inclinée du centre vers la périphérie.

Ils seront placés à une distance convenable des fosses à fumier et à purin, des mares et des fosses d'aisances. L'eau sera puisée à l'aide d'une pompe ou avec un seau qui restera constamment fixé à la chaine.

Ils seront nettoyés ou comblés si l'autorité sanitaire le juge nécessaire.

ART. 10. — Les citernes destinées à recueillir l'eau de pluie seront étanches et voûtées. La voûte sera munie à son sommet d'une baie d'aérage ; on ne devra pratiquer aucune culture sur la voûte. Le niveau d'eau sera maintenu à une hauteur convenable par un trop plein. Les citernes seront munies d'une pompe ou d'un robinet. Elles seront précédées d'un citerneau destiné à arrêter les corps étrangers, terre, gravier, etc.

ART. 11. — Le plomb est exclu des réservoirs destinés à l'eau potable.

*Ecuries et étables*

ART. 12. — Le sol des écuries et étables devra être rendu imperméable dans la partie qui reçoit les urines ; celles-ci devront s'écouler par une rigole ayant une pente suffisante.

Les murs des écuries et étables seront blanchis à la chaux. La hauteur sous plafond des écuries destinées aux espèces chevaline et bovine sera au moins de 2 m. 60.

Elles seront bien aérées.

*Celliers, pressoirs et cuvages*

ART. 13. — Les celliers, pressoirs et cuvages seront bien éclairés et aérés.

*Fosses à fumier et à purin*

ART. 14. — Les fumiers seront déposés sur un sol imperméable entouré d'un rebord également imperméable.

Les fosses à purin posséderont des parois et un fond étanches, bétonnés ou cimentés.

Les fosses à fumier et à purin seront placées à une distance convenable des habitations.

Les fosses à purin dont l'insalubrité serait constatée par la commission sanitaire seront supprimées.

*Mares*

ART. 15. — La création de mares ne peut se faire sans une autorisation spéciale.

Les mares et fossés à eau stagnante seront éloignés des habitations ; ils seront curés une fois par an ou comblés s'ils sont nuisibles à la santé publique. Il est défendu d'étaler les vases provenant de ce curage auprès des habitations.

*Routoirs*

ART. 16. — Les routoirs agricoles ne seront jamais établis dans les abreuvoirs ou lavoirs. Ceux qui seraient une cause d'insalubrité pour les habitations seront supprimés.

*Vidanges, gadoues, etc.*

Art. 17. — Les dépôts de vidanges, gadoues, immondices, pailles, balles, feuilles sèches en putréfaction, marcs de raisin, sont interdits s'ils sont de nature à compromettre la santé publique. Il est également interdit de déverser les vidanges dans les cours d'eau.

*Cabinets et fosses d'aisances*

Art. 18. — Les cabinets et fosses d'aisances seront établis à une distance convenable des sources, puits et citernes.

*Animaux morts*

Art. 19. — Il est interdit de jeter les animaux morts dans les mares, rivières, abreuvoirs, gouffres et bétoires ou de les enterrer au voisinage des habitations, des puits ou des abreuvoirs.

*Maladies transmissibles. — Déclaration*

Art. 20. — Indépendamment de la déclaration imposée aux médecins par l'article 5 de la loi du 15 février 1902 pour les maladies transmissibles ou épidémiques, les hôteliers et logeurs sont tenus de signaler immédiatement à la mairie tout cas de maladie qui se produirait dans leur établissement, ainsi que le nom du médecin qui aurait été appelé pour le soigner.

*Isolement*

Art. 21. — Tout malade atteint d'une affection transmissible sera isolé autant que possible, de telle sorte qu'il ne puisse la propager par lui-même ou par les personnes appelées à le soigner.

Jusqu'à la disparition complète de tout danger de contagion, on ne laissera approcher du malade que les personnes qui le soignent. Celles-ci prendront toutes les précautions pour empêcher la propagation du mal.

*Désinfection*

Art. 22. — Il est interdit de déverser aucune déjection (crachats, matières fécales, matières vomies, etc.) provenant d'un malade atteint de maladie transmissible, sur le sol des voies publiques ou privées, des cours, des jardins, sur les fumiers et dans les cours d'eau.

Ces déjections, recueillies dans des vases spéciaux, seront enterrées profondément, mais seulement après avoir été désinfectées à la chaux vive.

Art. 23. — Pendant toute la durée d'une maladie transmissible, les objets à un usage personnel du malade et des personnes qui l'assistent, de même que tous objets contaminés ou souillés, seront désinfectés.

Les linges et effets à usage contaminés ou souillés seront désinfectés avant d'être lavés et blanchis. L'immersion, pendant un quart d'heure, des linges dans l'eau en ébullition constitue un bon procédé de désinfection.

Art. 24. — Les locaux occupés par le malade seront désinfectés (1) après sa guérison ou son décès.

Art. 25. — Lorsque le malade sera guéri, il ne sortira qu'après avoir pris les précautions convenables de propreté et de désinfection. Les enfants ne pourront être réadmis à l'école qu'après un avis favorable du médecin traitant ou du médecin-inspecteur de l'école.

## ÉVACUATION DES EAUX USÉES

L'alimentation en eau potable et l'évacuation des eaux usées ne sauraient être passées sous silence dans la réglementation à faire, sans que celle-ci cessât d'être conforme à la loi.

1. La désinfection sera faite soit par le service départemental, soit par la commune ou l'hôpital le plus voisin possédant un service de désinfection, soit par l'industrie privée.

Les cabinets d'aisances sont imposés par le règlement sanitaire de Paris à raison d'un par logement de trois pièces ou d'un pour six pièces habitées isolément. Ils doivent être installés dans un local éclairé et aéré directement, avoir une fermeture hermétique et un appareil qui donne une chasse d'eau suffisante.

L'ordonnance royale du 29 novembre 1854 et l'arrêté préfectoral du 5 juin 1878 règlent les conditions dans lesquelles la vidange doit être faite et l'emploi des désinfectants.

L'ordonnance de police du 5 juin 1834 réglemente l'emploi des fosses mobiles ou tonneaux de vidange placés sous les chutes ou sièges d'aisances et l'arrêté du 14 juin 1864 prescrit leur mode de désinfection.

Les tinettes filtrantes sont réglementées par les arrêtés préfectoraux des 2 juillet 1867 et 20 novembre 1887.

Les fosses fixes doivent, aux termes de l'ordonnance du 24 septembre 1819, être munies d'un tuyau de ventilation, elles doivent être réparées si elles laissent filtrer des eaux par les murs ou par le fond.

Parmi les questions qui intéressent le plus la salubrité des villes, celle se rattachant à l'épuration des eaux d'égouts et matières de vidanges est certainement l'une des plus importantes. La loi sur la santé publique défend le rejet sur les terrains des eaux et matières de vidanges, elle exige l'épuration des eaux résiduaires avant leur évacuation sur des cours d'eau. Aujourd'hui, alors que les réseaux d'égouts sont plus nombreux qu'autrefois, alors qu'ils reçoivent les produits des cabinets d'aisance, il est indispensable de les épurer, il faut suivre l'exemple qui nous vient de l'Angleterre.

Jusqu'à ces derniers temps, les meilleurs procédés d'épuration étaient l'épandage par irrigation sur le sol ou la précipitation chimique ; aujourd'hui, le septic-tank system semble en faveur.

Pour l'épandage par irrigation sur le sol naturel, il faut disposer à proximité des villes de surfaces considérables ;

Pour la précipitation chimique, on utilise plusieurs systèmes. Les eaux-vannes sont précipitées à l'aide de divers réactifs : chaux, sulfate ferreux, acide sulfurique, sulfate d'albumine. Il faut de grands bassins de décantation et un personnel nombreux pour se débarrasser des boues.

Le procédé d'épuration biologique, « septic tank-system » ou « fosse septique » est plus récent, il utilise l'action de la fermentation dont les théories ont été décrites par Pasteur. La solubilisation des matières se fait par les anaérobies-bactéries vivant sans air, l'épuration est effectuée par les aérobies-bactéries vivant à l'air.

L'installation d'un « septic tank » comprend :

Une chambre à sable ou de décantation, où se déposeront les matières lourdes et imputrescibles.

Une fosse septique, grand réservoir parfaitement étanche, clos hermétiquement, sans air, sans lumière, qui servira à la fermentation. A la partie supérieure, un trou d'homme ou regard et une valve pour la sortie des gaz.

Un aérateur, petit bassin permettant d'aérer les eaux à leur sortie de la fosse.

Des lits bactériens, qui sont étanches, à ciel ouvert et permettent de faire passer les eaux sur une matière filtrante composée, par exemple, de mâchefer ou de tourbe.

Un appareil distributeur automatique chargé de faire passer les eaux à tour de rôle sur chacun des filtres.

Ce procédé est appelé, semble-t-il, à rendre les plus grands services à la cause de l'hygiène ; il permet d'épurer facilement et rapidement les eaux résiduaires du tout-à-l'égoût des villes en atteignant un degré d'épuration chimique et bactériologique de 80 à 90 o/o. Il peut être appliqué aux eaux résiduaires industrielles et agricoles.

Le règlement sanitaire de chaque commune règle l'évacuation des matières usées des habitations qui vicient l'air et peuvent contenir des germes de maladie. Ces matières usées comprennent les boues, ordures ménagères, fumiers, matières fécales, eaux ménagères et pluviales, urines, purins, eaux industrielles. A Paris, un arrêté préfectoral du 10 novembre 1886 a accordé aux propriétaires en bordure de la voie publique, la faculté de faire écouler directement à l'égout les matières de vidange de leurs immeubles.

La loi du 10 juillet 1894 a converti cette faculté en obligation.

*
* *

Les travaux publics d'assainissement les plus importants seront les *constructions d'égouts.* Le conseil supérieur d'hygiène publique de France, dans sa séance du 9 avril 1906, a établi quels devaient être les éléments essentiels de tout projet :

Topographie générale de l'agglomération ;

Population de la ville et des agglomérations desservies par les égouts projetés ;

Surface des parties dont les égouts doivent recueillir les eaux ; répartition en bassins divers, s'il y a lieu ;

Nature des eaux que les égouts doivent évacuer : eaux pluviales, eaux de lavage des rues, eaux ménagères, eaux de lavoirs, eaux industrielles, matières de vidange. Dans le cas où ces dernières ne sont pas recueillies dans les égouts, indiquer quelles dispositions sont prises pour assurer que ce déversement ne peut avoir lieu ; dire ce que deviennent ces matières.

Faire connaître la quantité d'eau distribuée dans la ville ; y en a-t-il une partie destinée spécialement au lavage des rues et des ruisseaux ? aux chasses dans les égouts ? et laquelle ?

Existe-t-il des lavoirs, des hôpitaux, des établissements industriels devant déverser des eaux impures dans les égouts ? Indiquer la nature des industries.

Faire connaître par des dessins (plans, coupes et profils) la forme, la section et la pente des égouts et joindre au projet un tableau contenant pour chaque égout :

La désignation des rues et la longueur du parcours ;

La longueur et la pente de l'égout projeté ;

La surface en hectares à desservir par l'égout ;

Le volume total des eaux à débiter, en litres et par seconde (eaux usées et eaux de pluie, s'il s'agit du système unitaire ; eaux usées seules et eaux de pluie à part dans le cas d'un système séparé) ;

La section minima nécessaire d'après le calcul ;

La forme et la section de l'égout adopté (conduite circulaire ou égout en maçonnerie).

Indiquer les moyens prévus pour assurer la ventilation continue et le nettoyage des égouts, les chasses d'eau automatiques ou non, les dispositions prises pour arrêter ou restreindre l'apport dans les égouts de matières solides susceptibles d'y entraver l'écoulement des eaux.

En ce qui concerne la ventilation, dans le cas où elle serait faite par les canalisations qui desservent les maisons, il est recommandé de s'assurer que toutes les précautions nécessaires sont prises pour éviter que l'air provenant de l'égout puisse se mélanger à l'air des logements ; dans ce but, il convient que les canalisations soient prolongées au-dessus des parties les plus élevées de la couverture, qu'elles soient parfaitement étanches et que les orifices d'entrée d'eaux ou de matières de vidanges soient obturés d'une façon permanente.

Le projet devra indiquer avec précision ce que deviendront les eaux recueillies dans les égouts : subissent-elles une purification ? de quelle nature ? sont-elles déversées simplement dans un cours d'eau ? quel est le débit minimum de celui-ci ? quelles sont les agglomérations riveraines existant en aval du débouché de l'égout ? et à quelles distances ?

Le conseil supérieur croit devoir appeler l'attention sur la nécessité de proportionner les sections et les pentes aux quantités maxima d'eau que les égouts doivent recevoir, en tenant compte des pluies torrentielles, à moins que des dispositions spéciales n'aient été prises pour assurer l'évacuation de celles-ci.

Il fait remarquer que la forme ovoïde, fréquemment adoptée, ne présente d'utilité que si la hauteur sous clé (1 m. 70 au minimum) est suffisante pour que les ouvriers puissent y circuler sans difficulté ni gêne. Si cette condition ne peut être remplie, il y a avantage, en général, à adopter des conduites de sections circulaires de petit diamètre, avec des regards rapprochés et des bouches disposées de manière à empêcher l'introduction des corps solides.

En ce qui concerne le débouché des égouts, le conseil supérieur considère comme fâcheux le déversement des eaux dans une rigole à ciel ouvert, qui devient promptement une cause d'infection ; les eaux usées doivent couler dans des aqueducs couverts.

Il n'est pas admissible qu'une ville puisse souiller d'une manière quelconque les cours d'eau qui la traversent ou qui coulent dans son voisinage. On ne saurait donc accepter, au point de vue sanitaire, des projets dans lesquels les eaux recueillies par les égouts seraient déversées, sans purification préalable, dans un ruisseau, une rivière, un fleuve, surtout dans le cas où le déversement des matières de vidange dans les égouts serait autorisé. Le projet doit indiquer quel mode de purification sera employé; ce mode variera nécessairement avec la nature des eaux recueillies dans les égouts : décantation, filtrage, épuration par le sol naturel, procédés basés sur des réactions chimiques, emploi de l'épuration biologique, etc. La disposition adoptée devra être telle que les eaux rejetées dans un cours d'eau auront une épuration effective. Si ces eaux ont reçu notamment des matières de vidange, elles seront débarrassées des microbes pathogènes qu'elles pouvaient contenir. Dans ce dernier cas, un contrôle permanent devra être établi ; les conditions dans lesquelles il fonctionnera devront être soumises à l'approbation, soit des conseils départementaux d'hygiène, soit du conseil supérieur d'hygiène publique de France.

*
* *

De jour en jour, l'utilisation des nappes souterraines prend d'ailleurs une importance plus grande ; il importe donc de sauvegarder la pureté des eaux et tout récemment, le 8 décembre 1908, dans une circulaire, M. Ruau, ministre de l'Agriculture disait : « Les différentes dispositions de la loi sur la santé publique et de la loi sur la police rurale ne paraissent pas suffisantes pour défendre d'une manière complète les nappes et les sources contre la contamination. En particulier, s'il est possible de prévenir les causes de pollution immédiate des eaux servant à l'alimentation, par la constitution de périmètres de protection, cette précaution laisse subsister toutes les causes plus éloignées de contamination dont les effets sont cependant très souvent redoutables. Qu'elles soient déversées dans des puits perdus, naturels ou artificiels, qu'elles soient répandues à la surface des terres, les substances dangereuses sont dissoutes par les eaux qui traversent le sol et parviennent le plus souvent aux nappes, sans que le filtrage des couches souterraines ait exercé aucune action efficace sur elles. Arrivant dans des eaux dont l'écoulement est très lent, ne s'y diluant pas, ne subissant pas l'épuration qui se produit, au contact de l'air, dans les rivières ou au ras du sol dans l'épandage, les principes nuisibles conservent presque indéfiniment leur action et peuvent causer les plus sérieux préjudices aux populations qui se servent de la nappe en établissant des puits ou en captant les sources qu'elle alimente : c'est donc aux causes lointaines et originelles qu'il faut remédier pour obtenir un résultat réellement satisfaisant. »

Au point de vue sanitaire, il est permis d'espérer que la commission constituée en mars 1907 auprès de la Direction de l'hydraulique et des améliorations agricoles et chargée d'étudier les mesures les plus convenables pour préserver de toute pollution les nappes souterraines et les sources aboutira prochainement. Il faut se féliciter de l'entente survenue entre les ministères de l'Intérieur, du Travail et de l'Agriculture qui, pour les questions d'évacuations d'eau provenant soit d'égouts communaux, soit d'établissements industriels, permet aux ingénieurs du service hydraulique d'étudier les dossiers et de formuler des avis.

Tous les projets d'égouts seront communiqués aux ingénieurs du service hydraulique. S'il s'agit d'une agglomération de plus de 5.000 habitants, l'examen du projet fait par le conseil supérieur d'hygiène publique de France donnera toute garantie aux populations d'aval au point de vue de la santé publique, mais seul le service hydraulique peut apprécier les mesures à prendre pour la défense des autres intérêts : salubrité, alimentation des hommes et des animaux, utilisation des eaux pour les besoins domestiques, pour l'agriculture et l'industrie, nécessité de curages, etc.

Pour protéger ces mêmes intérêts, les ingénieurs du service hydraulique devront examiner les demandes des industriels qui veulent déverser les eaux résiduaires provenant de leurs usines dans un cours d'eau ni navigable ni flottable.

Enfin les projets communaux de champs d'épandage seront soumis au service hydraulique de façon qu'ils soient établis en prenant toutes les précautions nécessaires pour éviter la pollution de la nappe d'eau souterraine. Cette nappe est employée de plus en plus par les populations rurales qui s'en servent pour leur alimentation et pour l'irrigation ; le service qui subventionne ces entreprises et prête son concours à leur réalisation est tout indiqué pour protéger cette eau contre une pollution qui la rendrait inutilisable.

Les égouts sont la contre-partie des distributions d'eau que nous avons étudiées précédemment.

Les canalisations, qu'elles servent à amener l'eau

potable ou à évacuer l'eau usée, constituent un système complet de circulation au travers de l'agglomération ; leur fonctionnement ininterrompu est aussi nécessaire à la santé des villes que la circulation du sang à la santé des hommes.

Le gouvernement ne se contente pas d'indiquer aux municipalités leurs devoirs ; il a voulu dans la circonstance leur permettre — par des subventions — de construire les travaux de salubrité nécessaires.

La loi du 15 juin 1907 réglementant les jeux, dispose qu'un prélèvement de 15 o/o sera opéré sur le produit brut des jeux au profit des œuvres d'assistance, de prévoyance, d'hygiène ou d'utilité publiques. Et dans une circulaire du 31 octobre 1907, M. le ministre de l'Intérieur disait : « Les ressources créées par la loi du 15 juin permettront de venir en aide à des initiatives particulièrement intéressantes qu'en l'état actuel de la législation, il était pour ainsi dire impossible de seconder, et parmi lesquelles on peut citer, à titre d'exemple, les œuvres d'assistance ou d'hygiène poursuivies par des associations privées ou des communes, les comités de patronage des habitations à bon marché, les œuvres de jardins ouvriers, de crédit populaire, de crédit ou d'assurance agricole, etc. »

Les pièces à fournir à l'appui des demandes de subvention sont :

Plan d'ensemble ;

Plans, coupe et élévation des ouvrages, accompagnés d'un devis descriptif ou d'un rapport de l'auteur du projet;

Devis estimatif détaillé, daté et signé de l'auteur du projet. Le devis devra être établi en présentant, s'il y a lieu, un chapitre spécial pour chacune des parties distinctes du projet (par exemple : si le projet comprend deux pavillons, le devis sera établi en deux chapitres). Les totaux de chacun de ces chapitres seront récapitulés à la fin du devis, de façon à faire ressortir le montant intégral de la dépense.

S'il s'agit de travaux en addition à des ouvrages déjà existants : plan d'ensemble de ces derniers ouvrages ;

Suivant la nature des travaux :

Avis du conseil d'hygiène ;

Avis des médecins attachés à l'œuvre ;

Avis de la commission des bâtiments civils ;

Plan de la localité indiquant la situation respective de l'immeuble par rapport au reste de la commune et, notamment, par rapport aux immeubles publics (école, mairie, cimetière, abattoir, etc.).

S'il s'agit de création ou d'extension de services, sans travaux : rapport détaillé sur les conditions de création et de fonctionnement.

S'il s'agit d'acquérir un immeuble ou des terrains : promesse de vente indiquant la contenance, le prix demandé, etc., plan de l'immeuble et du terrain. Avis du conseil d'hygiène.

Budget de l'exercice courant (pour les établissements publics : budget primitif et supplémentaire).

Comptes de gestion des trois derniers exercices clos (pour les établissements privés : comptes rendus moraux et financiers, approuvés par l'assemblée générale pour les trois dernières années).

Etat de l'actif et du passif.

L'emploi des subventions afférentes aux projets qui comportent des travaux et acquisitions mobilières, sera contrôlé dans les mêmes conditions que les travaux subventionnés.

## LE PERMIS DE CONSTRUIRE

L'article 11 de la loi crée, pour les agglomérations de 20.000 habitants, l'obligation des permis de construire.

Ce n'est pas, à proprement parler, une chose nouvelle dans notre législation. Un arrêt du conseil du roi du 28 février 1865, faisait « défense à tous propriétaires ou autres de construire, de reconstruire ou de réparer aucuns édifices, poser échoppes ou choses saillantes le long desdites routes, sans en avoir obtenu les alignements ou permissions ». La loi des 19-22 juillet 1791 (art. 29) a consacré ce texte Le décret du 26 mars 1852 (art. 4) relatif seulement à la Ville de Paris — mais dont l'application a été étendue à d'autres villes — oblige les constructeurs à soumettre leurs plans pour savoir s'ils sont conformes notamment aux règles de salubrité. Pour s'assurer que les constructions nouvelles remplissent bien les conditions prescrites par les règlements sanitaires prévus par la loi de 1902, il est essentiel que les projets de construction soient au préalable soumis à l'autorité.

Le permis de construire a donc pour but d'éviter que la commission sanitaire ne vienne, au moment où un immeuble sera livré aux locataires, relever des cas d'insalubrité et prescrire des modifications préalables.

Dans les agglomérations de moins de 20.000 habitants, le règlement sanitaire peut évidemment prescrire la nécessité du permis de construire que la loi ne rend obligatoire que dans les villes plus importantes.

Il est évident que le maire doit vérifier attentivement le plan soumis pour savoir s'il répond à toutes les conditions imposées par le règlement sanitaire de la commune ; cependant le permis de construire, s'il autorise la construction, n'enlève pas à la commission sanitaire, en cas d'inobservation de ce règlement, son droit de prononcer l'interdiction de tout ou partie de l'habitation. L'architecte n'est donc pas couvert par le permis de construire qui lui a été délivré, s'il ne se conforme pas de lui-même aux prescriptions contenues dans le règlement sanitaire.

Avant la loi de 1902, la jurisprudence était déjà fixée en ce sens, et il avait été décidé que la commission des logements insalubres, instituée par la loi de 1850, avait qualité pour interdire l'habitation d'un immeuble dont l'autorisation de construire avait été délivrée conformément au décret du 26 mars 1852.

Un arrêté du Conseil de préfecture de la Seine avait fixé la jurisprudence en ces termes :

« Considérant que si l'article 4 du décret du 26 mars 1852 impose à tout constructeur de maisons dans Paris l'obligation de dresser un plan et des coupes cotées des constructions qu'il projette, et de se conformer aux prescriptions qui lui seront faites dans l'intérêt de la sûreté publique et de la salubrité, cette disposition n'a aucunement modifié la loi du 13 avril 1850, et n'a point enlevé à la commission des logements insalubres et au conseil municipal le droit d'indiquer et de prescrire les mesures nécessaires pour remédier à l'insalubrité des logements situés dans les maisons dont les plans ont été soumis à l'administration. »

Cette jurisprudence est encore la règle en la matière. L'article 11 de la loi de 1902 dit, en effet, que même en cas de délivrance du permis de construire, si les prescriptions du règlement sanitaire n'ont pas été observées, le propriétaire peut être poursuivi.

Lorsqu'à défaut d'avoir demandé ou d'avoir obtenu le permis de construire, une construction n'aura pas été édifiée dans les conditions prévues par le règlement sanitaire, le maire fera dresser procès-verbal pour inobservation de ces prescriptions en vertu de l'article 11 § 4. Le juge de police appelé à statuer sur la contravention prononcera une amende, mais ne pourra pas ordonner l'exécution de travaux même conformes à ceux prévus au règlement. Aux termes de l'article 11, *in fine*, il ne peut dans ce cas, comme dans celui des mesures individuelles, être procédé à l'exécution d'office de travaux que conformément à la procédure instituée par l'article 12.

Le propriétaire qui ne veut pas édifier une maison neuve conformément aux règlements sanitaires, pourra donc obtenir, si sa construction est salubre, soit des commissions appelées à l'examiner, soit des tribunaux administratifs chargés d'examiner les causes d'insalubrité, de maintenir son immeuble non seulement sans le démolir, mais encore sans lui apporter aucune modification. Les tribunaux administratifs en effet ne sont pas liés par les prescriptions du règlement sanitaire.

Ils n'ont qu'à examiner les causes d'insalubrité notoire qui leur sont signalées, de même qu'ils peuvent toujours apprécier la légalité des règlements dont on leur demande l'application, et le respect que ces règlements apportent aux lois et aux principes de liberté et de propriété.

Ici encore on rencontre à côté des pouvoirs sanitaires les plus étendus de l'administration la garantie d'une procédure assurant une protection effective des droits individuels.

Le permis de construire est exigé non seulement pour les constructions neuves, mais aussi d'après le règlement sanitaire du préfet de la Seine du 22 juin 1902 pour « toute modification de construction existante ».

Le Conseil d'Etat appelé à interpréter cette expression « toute modification de construction existante » a décidé qu'elle devait être entendue « comme visant seulement les travaux qui, affectant le gros œuvre ou l'économie du bâtiment, constituent en réalité une construction neuve, rentrant dans les termes de l'article 11 de la loi de 1902 ». (Conseil d'Etat, 5 juin 1908.)

En cas de refus ou d'oubli par le maire de délivrer le permis de construire, dans les vingt jours, le propriétaire peut passer outre (1) et commencer sa construction mais il lui faut toujours se conformer aux prescriptions du règlement sanitaire communal qu'il n'a pas le droit d'ignorer.

Les constructions non destinées à l'habitation devront être édifiées conformément aux règles de salubrité édictées dans le règlement communal qui

1. Il peut également à ce moment-là demander le permis de construire au préfet, qui, par analogie, doit statuer dans le délai de vingt jours à partir de la date de la demande.

a une portée générale ; cependant le permis de construire n'est pas prescrit pour elles.

Les usines et manufactures sont soumises à une réglementation qui leur est propre.

Le permis de construire ne doit pas être une simple formalité. Pour qu'il soit vraiment de quelque utilité, il faut que grâce à lui, l'air, la lumière et le soleil puissent pénétrer jusqu'à l'intérieur des maisons. C'est dans ce but que l'article 33 du règlement sanitaire de la Ville de Paris prescrit pour chaque pièce habitable un minimum de surface et un minimum de section pour l'ensemble des baies d'aération et d'éclairage, et que le décret du 13 août 1902 réglemente à Paris la hauteur des constructions, des étages en bordure des voies et les dimensions des cours donnant du jour.

Etant donné l'influence de l'aération des maisons sur la santé publique, les hygiénistes voudraient que l'on puisse exiger que la hauteur maxima des maisons nouvelles ne dépasse pas la largeur des rues ou des cours intérieures éclairant des pièces habitables. Les rayons bienfaisants du soleil pénétreraient ainsi partout.

## LE CASIER SANITAIRE DES MAISONS

Le conseil municipal a été fort bien inspiré le jour où il a décidé de faire établir le casier sanitaire des maisons de Paris.

Commencé en 1894, ce travail était terminé en 1900.

Chaque maison a maintenant son dossier avec son plan, sa description, l'inscription au jour le jour de tous les événements sanitaires qui s'y produisent.

Ces dossiers comprennent :

1° Une chemise portant l'indication de l'arrondissement, du quartier, de la rue, du numéro de l'immeuble ;

2° Un plan au deux millième de la maison avec l'indication des canalisations, fosses, puits, puisards, fontaines, fosses à fumier ;

3° Une feuille de description de l'immeuble ;

4° Une feuille indiquant les décès par maladies transmissibles survenus dans la maison ;

5° Une feuille indiquant les désinfections opérées, leur date et leur cause ;

6° Une feuille indiquant les mesures prescrites par la commission des logements insalubres et la suite donnée ;

7° Une feuille destinée aux résultats des analyses d'eau, d'air, de poussières, de sol faites dans les maisons ;

8° Une feuille sur les enquêtes sanitaires qui ont pu être faites.

Ils permettent de suivre journellement les variations dans chaque maison, chaque groupe de maisons, chaque quartier, de signaler automatiquement au bureau d'hygiène les cas exceptionnels de mortalité qui peuvent se produire et de provoquer par suite les enquêtes ou les mesures nécessaires pour assurer l'assainissement.

L'examen de ces casiers sanitaires a donné lieu déjà à des observations intéressantes sur les conséquences funestes du surcroît de population dans les logements occupés par la population ouvrière et sur les progrès de la tuberculose qui en sont la fatale conséquence.

Il serait établi notamment que l'âge moyen de la mort des habitants d'une ville dépendrait dans chaque maison du nombre de pièces dont disposent ceux qui l'habitent.

| | | | |
|---|---|---|---|
| Pour 1 ou 2 pers. | par pièce l'âge moyen de | la mort serait | 47 ans |
| 2 ou 5 | » | » | 39 » |
| 5 ou 10 | » | » | 37 » |
| plus de 10 | » | » | 32 » |

Ces casiers ont servi à déterminer non seulement les maisons, mais encore les îlots de maisons tuberculeuses, et à en déterminer les causes : manque d'espaces libres dans les quartiers populeux, manque d'air, de lumière et de soleil en raison de l'étroitesse des rues et des cours.

L'innovation du conseil municipal de Paris porterait complètement ses fruits si les locataires pouvaient obtenir de leurs propriétaires communication du casier sanitaire que l'administration fournit à ces derniers.

ÉTABLISSEMENTS CLASSÉS

De tous temps les différents peuples se sont protégés contre les dangers que pouvaient présenter certains établissements où s'exerçaient des industries susceptibles de nuire à la santé publique.

En France, des édits, des coutumes, des ordonnances ont été rendus à diverses époques pour réglementer les établissements dangereux, incommodes et insalubres.

La législation actuellement en vigueur a pour bases le décret du 15 octobre 1810 et l'ordonnance du 14 janvier 1815. Elle subordonne l'établissement des manufactures et ateliers qui répandent une odeur insalubre ou incommode à une permission de l'autorité administrative.

Ces divers établissements sont répartis en trois classes :

La première comprend ceux qui, obligatoirement, doivent être éloignés des habitations particulières.

La seconde englobe « les manufactures et ateliers dont l'éloignement des habitations n'est pas rigoureusement nécessaire, mais dont il importe néanmoins de ne permettre la formation qu'après avoir acquis la certitude que les opérations qu'on y pratique seront exécutées de manière à ne pas incommoder les propriétaires du voisinage, ni à leur causer des dommages ».

Dans la troisième classe sont placés les établissements qui peuvent rester sans inconvénient auprès des habitations, mais qui doivent cependant être soumis à une surveillance spéciale.

*
* *

La permission nécessaire pour la création des établissements de première classe ne pouvait, d'après l'article 2 du décret de 1815, être accordée que par un décret spécial rendu en Conseil d'Etat.

Le décret du 25 mars 1852 sur la décentralisation administrative a chargé le préfet de statuer sur l'autorisation à donner à ces établissements.

La demande en autorisation est adressée au préfet directement. Elle est établie sur timbre et doit mentionner toutes les indications nécessaires pour renseigner l'administration sur les inconvénients qu'elle entraînera. Le pétitionnaire indique la nature des opérations qu'il pratiquera, la quantité de matières qui seront traitées en resteront en dépôt, et les moyens qu'il emploiera pour prévenir les inconvénients et les dangers pouvant résulter de l'exploitation de son établissement.

A la demande seront joints deux plans, chacun en double expédition. Le premier à l'échelle de 1/2500, reproduira l'état général des propriétés, maisons d'habitation ou autres, dans un rayon de 500 mètres. Le second à l'échelle de 1/200 présentera les dispositions intérieures de tout l'établissement.

Ces plans devront être dressés par un homme de l'art ; il seront orientés et devront être certifiés conformes à l'état actuel des lieux par le maire de la commune.

La demande est alors soumise à une enquête qui ne durera pas plus d'un mois. Elle est annoncée par voie d'affiches dans la commune de l'établissement et dans toutes les autres communes situées dans un rayon de 5 kilomètres.

Pendant toute la durée de l'enquête, les intéressés peuvent se présenter en personne à la mairie aux heures indiquées et demander l'inscription au procès-verbal de leurs oppositions ou réclamations ; ils peuvent également adresser au maire, par écrit, leurs observations, qui dans ce cas, seront annexées au dossier.

L'avis donné par le maire à l'issue de l'enquête est très important, et il doit être formulé avec la plus grande impartialité. Cet avis doit être donné par le maire lui-même ; cependant, au cas où, comme particulier intéressé, il formerait opposition à la demande, il déléguerait à un adjoint les pouvoirs nécessaires pour diriger l'enquête.

Le dossier est ensuite soumis à la commission sanitaire de la circonscription, et au conseil départemental d'hygiène pour avis.

Lorsque des oppositions ont été formées à l'enquête, et seulement dans ce cas, l'avis motivé du Conseil de préfecture est obligatoire. Cet avis n'est pas un acte proprement dit de juridiction et ne peut être déféré au Conseil d'Etat par la voie contentieuse. Le conseil de préfecture ne se prononce pas comme tribunal, son appréciation ne fait pas obstacle à la juridiction qu'il pourra exercer sur le recours de tiers opposants.

Toutes ces formalités remplies, le préfet, seul juge des oppositions et réclamations qui ont été produites pendant et même après l'enquête, prend un arrêté de refus ou d'autorisation.

Cet arrêté mentionne les conditions auxquelles l'autorisation est accordée ; l'inexécution des clauses imposées pourrait motiver le retrait de l'autorisation.

L'arrêté d'autorisation ou de refus est notifié à l'industriel par les soins du maire de la commune et porté ensuite à la connaissance du public. Une copie doit être déposée aux archives communales où tout intéressé est admis à en prendre connaissance.

L'arrêté préfectoral peut être l'objet de recours de la part de tout intéressé. Le décret de 1810, modifié par celui du 25 mars 1852 a donné lieu à ce sujet à quelques difficultés.

La jurisprudence adoptée par le Conseil d'Etat fait ressortir que seul l'industriel a qualité pour exercer un recours direct devant le Conseil d'Etat.

Cependant les tiers intéressés ont le droit d'intervenir dans l'instance engagée par l'industriel directement devant le Conseil d'Etat. Ils peuvent aussi attaquer l'arrêté par voie de tierce opposition. Enfin ils sont autorisés à former un recours incident et à demander que l'arrêt soit réformé et l'autorisation refusée.

Le délai de recours devant le Conseil d'Etat est de trois mois à dater de la notification de l'arrêté.

Si pendant le cours de l'instruction devant le Conseil d'Etat, l'industriel demande à introduire des modifications à son établissement ou propose de transformer ou de réduire sa fabrication, l'affaire doit être considérée comme une nouvelle demande et renvoyée devant l'administration pour qu'il soit procédé à une nouvelle enquête dans les formes énoncées ci-dessus.

Le Conseil d'Etat a décidé également qu'une nouvelle instruction était nécessaire si le recours était formé directement par l'industriel contre un arrêté de refus.

Les tiers intéressés, qu'ils aient ou non réclamé à l'enquête, peuvent se pourvoir devant le conseil de préfecture si l'industriel n'exerce aucun recours direct ou s'il est autorisé. De nombreux arrêts ont fixé la jurisprudence sur ce point. Ce tribunal se prononce comme autorité juridique ; il statue contradictoirement sauf recours au Conseil d'Etat contre ses décisions.

Si les formalités réglementaires n'ont pas été observées, notamment en ce qui concerne l'affichage de la demande d'autorisation et l'enquête, les tiers peuvent également attaquer l'arrêté préfectoral pour incompétence ou excès de pouvoir. Ce mode de recours est irrecevable devant le Conseil de préfecture et ne peut être introduit que devant le Conseil d'Etat.

Aucun délai n'est imparti aux intéressés pour réclamer devant le Conseil de préfecture contre les arrêtés d'autorisation. Le Conseil d'Etat a décidé néanmoins que lorsque des voisins laissaient écouler un délai suffisant pour leur permettre d'apprécier les inconvénients de l'exploitation sans protester, ils n'étaient plus fondés à réclamer par la suite.

D'autre part, il peut arriver qu'un arrêté soit attaqué à la fois par les tiers intéressés devant le Conseil de préfecture et par l'industriel devant le Conseil d'Etat. Deux instances sont alors engagées en même temps. Lors même qu'il y aurait désaccord entre les deux décisions, il ne saurait en résulter aucun inconvénient, en effet c'est le Conseil d'Etat qui prononce en dernier ressort.

Les inconvénients que présentent les établissements de la deuxième classe viennent moins de leur existence que des précautions prises pour éviter les dommages qu'ils peuvent occasionner.

*
* *

Les établissements de seconde classe sont susceptibles d'incommoder les voisins dans un rayon bien moins grand que ceux de première, et souvent l'industriel peut faire disparaître les inconvénients de son établissement au moyen de procédés plus ou moins perfectionnés.

La demande d'autorisation nécessite des formalités bien moins compliquées.

Telle est établie sur timbre et accompagnée de deux plans ; mais le plan d'immeuble ne doit comporter que le détail des propriétés situées dans un rayon de 200 mètres. L'affichage n'est pas nécessaire.

Le sous-préfet charge le maire de procéder à une enquête dans la commune et de formuler son opinion sur la demande. Le sous-préfet après avoir donné également son avis, sous forme d'arrêté, transmet le dossier au préfet qui statue définitivement.

Comme pour les établissements de première classe, le préfet soumet, préalablement à sa décision, le dossier à la commission sanitaire ou au conseil d'hygiène, mais il n'a pas à demander l'avis du Conseil de préfecture. La délibération de la commission sanitaire semble suffisante dans la plus grande partie des cas. On ne doit recourir au conseil départemental d'hygiène que si cette commission est en opposition, non motivée, avec les résultats de l'enquête communale.

Les formalités de recours sont exactement les mêmes et s'exercent de la même façon que pour les établissements de première classe.

***

Les établissements de troisième classe sont ceux qui peuvent, sans inconvénient, rester auprès des habitations, mais qui cependant doivent être soumis à une surveillance spéciale.

La demande d'autorisation est produite sur timbre, elle est accompagnée toujours de deux plans, dont un donne l'ensemble des propriétés situées dans un rayon de 100 mètres seulement. Cette demande doit être remise au sous-préfet qui, en vertu des dispositions de l'ordonnance du 14 janvier 1815, statuera lui-même après avoir ouvert une information dans la commune, et pris l'avis du maire et de la commission sanitaire de la circonscription.

Pour les recours, que la réclamation vienne de l'industriel ou des tiers intéressés, c'est au Conseil de préfecture qu'il appartient de statuer. Les arrêtés ne sont que des décisions de premier ressort ; l'appel au Conseil d'Etat est de droit. L'arrêté du sous-préfet ne peut être attaqué directement ni devant le préfet, ni devant le Conseil d'Etat.

L'instruction de la demande ayant été faite pour un local et un emplacement déterminés, l'industriel autorisé à exploiter un établissement classé ne peut se servir de l'autorisation que sur l'emplacement désigné par l'arrêté et dans les conditions qui lui sont imposées.

Tout changement doit préalablement être soumis à de nouvelles formalités d'autorisation ; la législation est formelle à ce sujet.

Il est de jurisprudence constante, d'autre part, que l'autorisation est accordée non à la personne de l'industriel, mais à l'emplacement lui-même. Une nouvelle autorisation n'est pas nécessaire lorsque l'établissement passe en d'autres mains ; le successeur peut continuer l'exploitation à la condition expresse de se conformer aux prescriptions de l'arrêté et de ne pas changer la nature de l'industrie.

Cependant l'administration exige une déclaration du nouveau propriétaire, afin de connaître le contrevenant en cas de plainte ou d'inobservation des conditions d'autorisation.

L'établissement autorisé reste sous la surveillance de l'administration qui doit s'assurer si les conditions de l'autorisation sont exécutées et s'enquérir s'il ne se produit pas d'inconvénients non prévus nécessitant de nouvelles prescriptions.

Les décrets qui régissent les établissements classés n'indiquent pas à qui appartient le droit de surveillance. Le Conseil d'Etat a décidé que les pouvoirs de police dans chaque département étaient dévolus au préfet gardien de la salubrité, de la sûreté et de la tranquillité publiques.

Cependant les vérifications et les constatations nécessaires ne peuvent être faites que par les maires. En effet, l'autorité municipale doit veiller à l'exécution des mesures de police prises par l'administration supérieure pour assurer la salubrité publique. Elle doit dresser des procès-verbaux de contravention à ces mesures ou en solliciter de nouvelles dans le cas où celles prescrites seraient insuffisantes.

Au décret de 1810 était jointe une nomenclature des établissements classés : elle comprenait soixante natures d'établissements ; avec le développement de l'industrie, on en compte aujourd'hui plus de 500 (1). Est-ce à dire que la réglementation d'il y a cent ans soit maintenant insuffisante? Non. MM. Henri Porée et Livache dans leur *Traité des Manufactures et Ateliers dangereux* disent en effet : « Plusieurs années d'étude nous ont convaincus que le décret de 1810 répond aux nécessités actuelles et qu'il donne à l'administration des armes suffisantes pour assurer la salubrité et la sécurité publiques..... Il arrive souvent, il est vrai, que les personnes chargées d'instruire les demandes en autorisation, craignant peut-être de se montrer trop rigoureuses,

1. La nomenclature du 15 octobre 1810 comptait 65 établissements, le décret du 3 mai 1886 en comprend 428 ; il y en a aujourd'hui 509.

permettent la création de fabriques qui deviennent une cause d'insalubrité pour le voisinage. Il arrive aussi que le défaut de surveillance laisse aux industriels une liberté trop grande dont ils abusent pour ne pas exécuter les conditions d'exploitation qui ont été imposées. Ce n'est pas à la loi qu'il faut s'en prendre alors, mais à l'imprévoyance de ceux qui ont mission de la faire appliquer. »

## CHAPITRE V

# LES PERSONNES

## A. — Les Enfants

### Protection du premier age

Le 23 décembre 1874, M. Théodore Roussel faisait voter une loi de protection des enfants du premier âge qui ne devait pas tarder à porter son nom.

Le 27 février 1877, un décret pris en conformité des prescriptions de l'article 12 de ladite loi, stipule que la surveillance instituée en faveur des enfants au-dessous de deux ans élevés moyennant salaire, hors du domicile de leurs parents, est exercée, — sous l'autorité du préfet, assisté d'un comité départemental — par des commissions locales, par les maires, par des médecins inspecteurs et par l'inspecteur départemental de l'assistance publique.

Les dépenses de ce service ne sont pas légalement obligatoires pour les conseils généraux ; dans la plupart des départements elles sont admises et alors elles se partagent par moitié entre l'Etat et le département.

En remettant un enfant en nourrice, en sevrage

ou en garde, il faut en faire la déclaration à la mairie de la commune où a été déclarée la naissance et remettre à la nourrice un bulletin de naissance de l'enfant. La déclaration s'inscrit sur un registre spécial et est signée par le déclarant.

Pour pouvoir se procurer un nourrisson, la loi exige un certificat du maire de sa commune, avec renseignements sur son état civil, sa conduite, la salubrité et la propreté de son habitation, et un certificat médical délivré en général par le médecin-inspecteur et attestant qu'elle est vaccinée et qu'elle n'a ni infirmité, ni maladie contagieuse.

Pour se placer comme *nourrice sur lieu*, le maire de la résidence devra établir que le dernier enfant de la postulante est vivant et qu'il a plus de sept mois. S'il n'a pas cet âge, il devra être allaité par une autre femme. Il est interdit en effet à toute nourrice d'allaiter un autre enfant que son nourrisson.

Un carnet est délivré gratuitement à la nourrice, pour chacun de ses nourrissons. Il contient les certificats du maire, du médecin, l'état civil de l'enfant, la composition de la layette, les dates de paiement des salaires, le certificat de vaccine, les dates des visites du médecin-inspecteur et des observations, des notions élémentaires sur l'hygiène et toute la législation sur la protection du premier âge.

Sous les peines de l'article 346 du Code pénal, toute femme ayant un nourrisson ou un enfant en sevrage ou en garde doit le déclarer à la mairie de son domicile dans les trois jours, elle doit déclarer dans le même délai, tout changement de résidence, ou tout retrait de l'enfant ; en cas de décès elle doit dans les vingt-quatre heures, le déclarer. Dans les trois premiers mois elle est obligée de faire vacciner l'enfant qui n'aurait pas encore été vacciné, elle ne peut enfin se faire remplacer sans autorisation (1).

Toutes ces obligations se trouvent sous le contrôle de l'autorité administrative.

Le maire doit tenir deux registres, l'un pour inscrire les déclarations des parents, l'autre pour celles des nourrices qui rentrent chez elles avec un enfant; ces registres sont cotés, paraphés et vérifiés par le juge de paix qui fait à ce sujet un rapport annuel au procureur de la République. Le maire, dès qu'il est averti de l'arrivée d'un enfant dans sa commune, doit aviser dans les trois jours le médecin-inspecteur qui est tenu à une visite dans la huitaine.

Des commissions locales sont instituées par le préfet dans les localités où elles semblent nécessaires, le maire les préside et leurs membres qui comprennent au moins deux mères de famille, sont nommés par le préfet; le médecin inspecteur assiste à toutes les réunions et a voix consultative. Lorsque la vie ou la santé d'un enfant lui paraîtrait com-

1. L'article 346 du Code pénal punit d'un emprisonnement de six jours à deux mois et d'une amende de 16 francs à 300 francs.

promises, cette commission après avoir mis en demeure les parents peut le retirer et le placer ailleurs, mais elle doit en aviser dans les vingt-quatre heures le préfet et les parents.

Ces commissions signalent au préfet dans des rapports annuels les nourrices qui méritent une mention spéciale pour leur zèle et leurs bons soins.

Les médecins inspecteurs forment le rouage essentiel du service. Ils doivent visiter les enfants placés dans leur circonscription, une fois par mois, viser le carnet de la nourrice, inscrire leurs observations, aviser le maire. Ils rendent compte au maire et au préfet des faits graves qu'ils peuvent constater et adressent chaque année un rapport. Leur traitement est fixé par le conseil général.

Le service est dirigé par l'inspecteur de l'Assistance publique, fonctionnaire de l'Etat, sous l'autorité du préfet et à côté du comité départemental.

## Consultations de Nourrissons

Le Dr Brochard disait en 1878 « sur un million d'enfants qui naissent, il en meurt, la première année seulement 360.000. Ces enfants vivraient si leurs mères savaient les élever ».

Pour atténuer les rudes coups que porte à la puissance de la nation la diminution progressive de la natalité, les pouvoirs publics doivent redoubler d'efforts et puisque les décès sont si souvent dus à l'ignorance des mères ou des nourrices, il faut faire leur instruction.

Le professeur Budin a pris l'initiative *des consultations de nourrissons* dès 1892. Il se proposait de recevoir chaque semaine les enfants jusqu'à l'âge de deux ans, de les examiner, de les peser, de conseiller les mères, d'encourager l'allaitement au sein et, dans les cas où cela n'était pas possible, d'indiquer la quantité nettement déterminée de lait stérilisé que devait boire l'enfant.

Quand il s'agit de protection des enfants on ne doit pas regarder à la dépense, mais dans ce cas on ne peut rêver une mesure moins onéreuse : toutes les mères, toutes les nourrices sont convoquées à jour et à heure fixe dans un local spécial ; les enfants sont déshabillés, examinés, pesés et cela très rapidement car ils sont tous réunis. Le praticien ne sera pas exigeant comme honoraires, le local sera mis gracieusement à la disposition des intéressées par le maire, la balance sera offerte par le conseil général et sans frais, peut-on dire, uniquement parce qu'une personne autorisée aura su prendre cette heureuse initiative, même si tous n'y sont pas conduits, la mortalité des enfants de moins d'un an s'abaissera très sensiblement d'un quart, d'un tiers parfois, même de la moitié.

Devant ces résultats,qui avaient dépassé les espérances les plus optimistes, le ministre de l'Intérieur ne pouvait rester indifférent ; les 3 juillet 1906 et 12 mars 1907 il demandait aux préfets de s'intéresser à ces créations : « La clientèle de la consultation comprendra d'abord obligatoirement les nourrices soumises à la loi Roussel, et aussi toutes les mères auxquelles est accordé un secours temporaire en vertu de la loi de 1904. Mais ce n'est point assez ; il faut y attirer aussi les mères ne rentrant pas dans ces deux catégories ; une active propagande faite et par vous-même auprès des municipalités et par quelques médecins dévoués dans leur clientèle, suffira dans bien des cas, l'expérience l'a prouvé, pour apprendre aux jeunes mères le chemin de la consultation. En rendant publics dans le département, par tous les moyens dont vous pourrez disposer, les noms des communes où les premières initiatives auront été prises et les résultats qui y auront été obtenus, en montrant à tous la rapidité avec laquelle décroît en ces localités la mortalité infantile, il me paraît impossible que vous ne réussissiez point à triompher des plus routinières inerties et à créer un mouvement d'opinion qui nous aidera à vaincre les plus déterminées résistances. »

## Inspection Médicale des Ecoles

A peine élevé l'enfant va se trouver dans les crèches, les garderies, les écoles, en contact avec d'autres enfants. Cette promiscuité qui se poursuivra à la caserne et dans la vie n'aura-t-elle pas sur sa santé une influence détestable ? Il peut se trouver par le voisinage d'un petit malade dans un milieu contaminé et contracter des germes morbides.

A plusieurs reprises, à l'occasion de la discussion du budget, la Chambre des députés a reconnu la nécessité d'organiser à bref délai le service de l'inspection médicale des écoles primaires publiques ou privées institué par la loi du 30 octobre 1886 (article 9).

Le ministre de l'Instruction publique s'occupe en ce moment de l'organisation définitive de cette inspection qui porterait, deux fois par an, sur les locaux et sur les élèves. Les élèves devraient être examinés individuellement. Si le service était bien fait, non seulement il entraverait la transmission des maladies contagieuses, mais il contrôlerait la croissance régulière de l'organisme et des facultés intellectuelles de l'enfant, il comblerait en tous cas une lacune actuellement très préjudiciable.

## La Vaccination

La variole a de tous temps, dans tous pays, occasionné de nombreux décès. La découverte du vaccin a eu de très heureuses conséquences. Les pays étrangers qui ont rendu la vaccination obligatoire se sont affranchis presque absolument et immédiatement des atteintes du mal.

En France c'est l'article 6 de la loi du 15 février 1902 qui a rendu cette pratique obligatoire et c'est le décret du 27 juillet 1903 qui a organisé son application. Depuis cette époque, la mortalité et la morbidité générales ont déjà éprouvé une diminution appréciable.

La réglementation nouvelle prescrit trois vaccinations où revaccinations consécutives ; au cours de la première année d'abord, à onze ans, puis à vingt et un ans ; c'est ce qui est reconnu nécessaire pour mettre les individus à l'abri des atteintes de la variole. Mais en instituant la vaccination obligatoire, la loi ne veut pas la rendre exclusivement tributaire de l'autorité publique, les intéressés sont libres du choix de leurs opérateurs. Elle met simplement à la disposition des familles qui ne pourraient satisfaire autrement à ses prescriptions, des séances de vaccination gratuites présentant toutes garanties d'efficacité. Les autorités locales doivent veiller à la stricte application de ces dispositions, exiger des assujettis, parents ou tuteurs, la justification de leurs obligations, provoquer les pénalités contre ceux qui ne se conforment pas aux avertissements.

Dans chaque commune il y aura des séances de vaccination gratuites et des séances de revision des résultats ; ces séances seront annoncées par voie d'affiches et auront lieu suivant les circonstances, au moins annuellement. En cas d'épidémie autre que la variole, un arrêté préfectoral prononcera l'ajournement des opérations pour éviter les rassemblements de personnes et empêcher les contaminations possibles. Si, au contraire, il y a dans le pays une épidémie de variole, les séances devront être avancées, multipliées et, en cas de possibilité, effectuées à domicile.

Ce sont les municipalités qui sont chargées d'établir les listes des personnes soumises à l'application de la loi. Il y aura pour chaque commune trois listes.

1° Pour la première vaccination, la liste comprend :

*a*) Tous les enfants ayant plus de trois mois et moins d'un an au jour de la séance de vaccination, nés dans la commune et relevés sur le registre de l'état civil ;

*b*) Les enfants du même âge nés dans une autre localité et résidant dans la commune ;

*c*) Les enfants plus âgés qui n'auraient pu être vaccinés antérieurement pour une raison quelconque ;

*d*) Ceux qui, antérieurement vaccinés, doivent subir une nouvelle vaccination, la première n'ayant pas été suivie de succès.

2° Pour la première revaccination, la liste comprend, d'après l'état civil et les renseignements fournis par les directeurs des établissements d'instruction publics ou privés, tous les enfants inscrits dans les écoles qui sont entrés dans leur onzième année au moment de la séance de vaccination et ceux, quel que soit leur âge, qui n'auraient pas subi la vaccination ou la première revaccination.

Les enfants qui reçoivent l'instruction à domicile doivent être déclarés par leurs parents ou tuteurs dans les mêmes conditions et portés sur la liste.

3° Pour la deuxième revaccination, la liste comprend toutes les personnes qui se trouvent au cours de leur vingt et unième année et résident dans la commune.

Il y a lieu d'ajouter aux trois listes ainsi déterminées une liste supplémentaire, prévue à l'article 9, sur laquelle sont inscrites (en dehors des enfants déjà compris au paragraphe *d* de la première liste) toutes les personnes dont la vaccination doit être renouvelée pour cause d'insuccès, ainsi que toutes celles dont la première vaccination ou la revaccination a été ajournée en raison de leur état de santé.

Le médecin inscrira sur ces listes les dates des opérations et postérieurement notera les résultats. En cas d'insuccès la vaccination doit être renouvelée le plus tôt possible une deuxième et même une troisième fois. Lorsque l'opération a réussi, le médecin délivre un certificat.

A la clôture des séances, les maires doivent avertir individuellement les parents ou tuteurs des assujettis qui ne se sont pas présentés et les mettre en demeure d'avoir à fournir un certificat avant la fin de l'année. Faute par eux d'obéir, ils dresseront procès-verbal et le transmettront au magistrat chargé des fonctions du ministère public près le tribunal de simple police.

Toutes ces prescriptions sont applicables aux étrangers et à leurs enfants quand ils résident en France.

*
* *

Il est indispensable d'avoir un vaccin offrant toute garantie, aussi le service de la vaccine est-il confié à l'Académie de Médecine qui est chargée d'entretenir les meilleures semences vaccinales, de perfectionner la production du vaccin et de contrôler les établissements qui le préparent.

L'article 3 du décret du 27 juillet 1903 est l'écho de ces préoccupations. En vertu des arrêtés et des instructions basées sur cet article, le vaccin doit être employé dans un délai maximum de quarante jours à dater de sa récolte et l'utilisation d'un tube ouvert au cours d'une précédente opération est interdite.

Il ne sera employé pour les vaccinations et revaccinations publiques que du vaccin animal provenant des instituts publics de leurs succursales ou d'instituts vaccinogènes privés.

Ces instituts publics ou privés seront soumis au

contrôle de l'Etat, et seront placés sous la direction d'un docteur en médecine assisté d'un vétérinaire et d'aides, chaque établissement devra toujours avoir en réserve de quoi vacciner 1.500 à 2.000 personnes.

Le vaccin sera toujours éprouvé avant d'être mis en service.

## B. — Les Adultes

Nous avons vu que la vaccination était obligatoire à la naissance, à onze ans puis à la majorité, l'opération pratiquée pour la dernière fois, à cet âge, n'est pas un gage de préservation assurée pour le reste de l'existence. Les maires devront le rappeler à leurs administrés, surtout en temps d'épidémie et ils auront à ce moment le devoir d'organiser de nombreuses séances gratuites. « Soigner et secourir les malades est bien, prévenir les maladies est évidemment mieux. » La législation nouvelle compte pour arriver à ce but sur le concours des administrateurs.

Il faut faire pénétrer dans l'esprit public cette vérité aujourd'hui incontestable, que les maladies qui font le plus grand nombre de victimes sont, heureusement, celles aussi qui, grâce à une hygiène sociale judicieusement organisée, peuvent le plus aisément être évitées. La fièvre typhoïde, la variole, la diphtérie et la tuberculose elle-même, qui déciment si souvent les agglomérations, sont de ces ennemis dont l'homme a appris l'art, sinon de triompher, du moins d'éviter presque sûrement la dangereuse atteinte.

Mais pour arriver à ce résultat il faut appliquer intégralement la loi de 1902 ; il est nécessaire en tous cas d'organiser le service de *désinfection* (1).

## La Déclaration des Maladies

Le point de départ de la désinfection est la déclaration par les praticiens des maladies contagieuses et, en exécution de l'article 4 de la loi de 1902, un décret du 10 février 1903 a arrêté leur liste, savoir :

1° La fièvre typhoïde ;

2° Le typhus exanthématique ;

3° La variole et la varioloïde ;

4° La scarlatine ;

5° La rougeole ;

6° La diphtérie ;

7° La suette miliaire ;

8° Le choléra et les maladies cholériformes ;

9° La peste ;

1. L'article 1er de la loi du 15 février 1902 pose en principe que, dans toute commune, le maire est tenu, afin de protéger la santé publique, de déterminer les précautions à prendre en exécution de l'article 97 de la loi municipale du 5 avril 1884, pour prévenir ou faire cesser les maladies transmissibles, spécialement les mesures de désinfection ou même de destruction des objets à l'usage des malades.

10° La fièvre jaune ;

11° La dysenterie ;

12° Les infections puerpérales et l'ophtalmie des nouveau-nés, lorsque le secret de l'accouchement n'a pas été réclamé ;

13° La méningite cérébro-spinale épidémique ;

14° La tuberculose pulmonaire ;

15° La coqueluche ;

16° La grippe ;

17° La pneumonie et la broncho-pneumonie ;

18° L'érysipèle ;

19° Les oreillons ;

20° La lèpre ;

21° La teigne ;

22° La conjonctivite purulente et l'ophtalmie granuleuse.

Cette liste est divisée en deux parties.

Pour les treize premières maladies, qui sont considérées comme particulièrement graves, la désinfection est obligatoire, aussi bien pour l'administration, que pour les intéressés. En ce qui concerne les neuf autres, il n'est procédé à la désinfection que sur la demande des intéressés.

La déclaration à l'autorité publique de tout cas de l'une des treize premières maladies indiquées ci-dessus est obligatoire pour tout docteur en médecine, officier de santé ou sage-femme, qui en constate l'existence (1).

1. En ce moment un mouvement semble se dessiner dans le

Un arrêté ministériel, également du 10 février 1903, a spécifié que l'autorité publique chargée de recevoir la déclaration des cas des maladies transmissibles, était représentée par le maire et par le préfet ou le sous-préfet dans chaque arrondissement. Les praticiens sont tenus de faire simultanément leur déclaration à l'un et à l'autre, dès qu'ils ont constaté l'existence de la maladie.

La déclaration d'une maladie épidémique n'est obligatoire pour le médecin que lorsqu'il a établi par un *diagnostic certain* l'existence de cette maladie, c'est ce qui résulte de la discussion de l'article 5 de la loi de 1902 au Sénat (D. P. 1902. 4. 42 note 4) et d'un jugement du tribunal correctionnel de Remiremont du 13 mars 1907. (D. P. 1907. 5. 38.) Ces magistrats ont décidé que le fait par un médecin de pratiquer une injection antidiphtérique ne rend pas nécessaire pour lui la déclaration de la diphtérie, car cette opération peut ne constituer qu'une mesure préventive.

Depuis près de sept ans que la loi sur la protection de la santé publique l'a rendue obligatoire, la déclaration des maladies transmissibles n'a été que

corps médical. On demande que la déclaration des maladies contagieuses soit obligatoire pour les parents comme dans le cas des accouchements (art. 56 du C. c.). Le médecin redoute que son client ne le rende responsable des mesures prises pour la protection des voisins et pour la désinfection. On a vu dans un quartier de Calais la population se ruer contre un docteur qui avait fait transporter des cholériques à l'hôpital.

très imparfaitement observée par les médecins. Tant que la désinfection n'était point organisée d'une façon efficace et complète, la déclaration était considérée par les praticiens comme parfaitement inutile. La désinfection est donc le complément indispensable de la déclaration. Aussi l'organisation du service a-t-elle une importance capitale.

L'intervention de la loi n'a cependant pas pour effet d'enlever au médecin son rôle normal, qui est d'indiquer au public ce qu'est la désinfection, les bienfaits que chacun et la société peuvent en retirer. C'est lui qui devra faire comprendre que la désinfection constitue la plus efficace des mesures sanitaires contre les épidémies ; qu'elle peut être appliquée sans gêne et à peu de frais ; enfin qu'elle est une opération rationnelle, scientifique et pratique.

Le médecin est l'auxiliaire indispensable du service de la protection de la santé publique. Avec le concours de ses connaissances médicales et de son dévouement de citoyen éclairé et instruit, il a la belle mission de faire pénétrer dans sa clientèle, l'esprit et les moyens de défense contre l'épidémie.

## La Désinfection obligatoire

La désinfection est obligatoire à un double point de vue : obligatoire pour les individus qui, sous aucun prétexte, ne sauraient s'y soustraire ; obligatoire pour les services publics qui doivent y procéder ou en contrôler l'exécution.

Cependant, il ne faut pas croire par là qu'un monopole soit institué. Les particuliers restent toujours libres de s'adresser, s'ils le préfèrent, à quelque entreprise privée. Cependant, s'ils peuvent ne pas faire appel au service public, ils doivent toujours en accepter le contrôle. Car ce n'est point un simulacre de désinfection que la loi rend obligatoire, c'est une opération vraiment efficace et la gêne qu'elle entraîne, provisoirement, ne peut d'ailleurs être supportée que si l'efficacité de l'opération compense ce petit sacrifice.

Le décret du 10 juillet 1906 donne au mot désinfection son sens précis et complet ; il ne s'agit point, pour commencer la désinfection, d'attendre la mort ou la guérison du malade. A tarder ainsi, on risquerait le plus souvent de faire œuvre vaine ; sans doute, ce n'est qu'à ce moment qu'on pourra effectuer la désinfection totale des locaux occupés par le malade, mais nul n'ignore et n'a plus le droit d'ignorer aujourd'hui que, pour être efficace, la lutte contre les germes pathogènes doit être entreprise dès le début et pendant tout le cours de la maladie.

D'autre part, la désinfection est une pratique d'hygiène qui doit permettre de circonscrire une maladie épidémique au malade même, en évitant la dispersion des produits virulents qu'il élimine, et en rendant inoffensifs ces produits aussitôt que possible après leur rejet, soit en les détruisant totalement par le feu, soit en tuant tous les germes pathogènes qu'ils peuvent recéler.

L'individu atteint d'une maladie épidémique est un foyer intense de germes virulents spéciaux à cette maladie, qui sont généralement entraînés en dehors de l'organisme dans les excreta et les déchets. La contagion s'effectue d'individus à individus par la transmission de ces germes et produits virulents, et la facilité, la rapidité et l'étendue de la transmission sont en rapport étroit avec la dispersion des produits éliminés par l'organisme malade. Il importe donc de les recueillir immédiatement et de les rendre aussitôt inoffensifs.

Si l'on pouvait circonscrire ainsi le premier sujet atteint d'une maladie transmissible, la désinfection vaincrait de suite toute épidémie ; malheureusement, dans la pratique, le but ne peut être aussi rapidement et aussi aisément atteint.

*Organisation du service.* — Un décret du 10 juillet 1906 énumère les dispositions qu'il y a lieu de prendre pour arriver à l'organisation du service de désinfection, destiné à assurer, et surtout à compléter le fonctionnement normal de la loi du 15 février 1902.

Suivant les termes mêmes de l'article 7 de la loi

du 15 février 1902, les mesures de désinfection sont mises à exécution : 1° Dans les villes de 20.000 habitants et au-dessus, par les soins de l'autorité municipale ; 2° Dans les communes de moins de 20.000 habitants, par les soins d'un service départemental.

D'après l'article 4 du décret de 1906 précité, le conseil général délibère, après avis du Conseil départemental d'hygiène, sur la création des postes de désinfection, la composition et la rétribution du personnel. Il vote les crédits nécessaires à l'acquisition et à l'entretien du matériel et au fonctionnement du service.

L'organisation départementale doit comprendre : au centre, un contrôle exercé par un délégué du Conseil d'Hygiène, et, dans chaque circonscription, d'une part, une direction locale confiée à un délégué de la Commission sanitaire et, d'autre part, un ou plusieurs postes, dirigés chacun par un chef de poste, assisté, s'il y a lieu, d'agents ou d'aides.

***

Aux termes de l'article 5 du décret du 10 juillet 1906, il doit être établi au moins un poste de désinfection dans chacune des circonscriptions sanitaires du département. Les sièges de chaque poste sont fixés de telle sorte qu'il ne faille pas plus de six heures pour se rendre du poste dans les diverses communes qu'il est appelé à desservir.

La question du personnel est théoriquement réglée par le décret du 10 juillet 1906.

L'ensemble du service est placé sous l'autorité du préfet et sous le contrôle d'un membre du Conseil départemental d'hygiène, désigné par ce fonctionnaire. Dans chaque circonscription le service sera dirigé par un délégué de la Commission sanitaire agréé par le préfet. Il aura pour mission de veiller à l'organisation régulière et immédiate des mesures de désinfection dans les conditions techniques prescrites par le Conseil supérieur d'hygiène. Il veillera également à ce que les postes de désinfection soient constamment munis du matériel et des désinfectants nécessaires, et à ce que les chefs de poste tiennent avec soin leurs registres de contrôle. Il devra présenter tous les mois au moins, à la Commission sanitaire, un rapport sur les résultats et les besoins du service de la circonscription, ce rapport sera transmis au préfet avec l'avis de la Commission.

La circulaire ministérielle du 28 juillet 1906 complète ces dispositions en ajoutant que cette fonction. qui ne sera point une sinécure, pourra être rémunérée.

L'article 8 du décret stipule que chaque poste de désinfection est dirigé par un chef de poste, assisté, s'il y a lieu, d'agents ou d'aides. Le chef de poste et les agents procèdent eux-mêmes aux opérations de désinfection. Le chef de poste tient un registre des déclarations à lui adressées par les maires, des opérations, transports et voyages effectués, et dresse pour chaque série d'opérations une feuille spéciale suivant un modèle arrêté par le ministre de l'Intérieur. Les chefs de poste et agents nommés et révoqués par le préfet, seront rémunérés à l'année, au mois, à la journée ou à l'heure ; ils seront assermentés.

Le recrutement du personnel et son initiation à ses fonctions a une importance capitale. « Il ne suffit pas, disait, en 1903, le docteur Calmette, que les appareils ou procédés de désinfection employés aient été soumis préalablement à l'approbation. Tels ou tels procédés peuvent être parfaitement efficaces entre des mains expérimentées et ne donner que des résultats tout à fait illusoires lorsqu'ils seront appliqués ou exploités industriellement sans une surveillance incessante. »

Le choix du personnel ne doit être dicté que par le souci du bien public, car, au début surtout, il est certain que l'intervention administrative, dérangeant de vieilles habitudes, sera souvent mal interprétée.

Afin de triompher des préventions, il faudra procéder par persuasion, et démontrer aux populations hésitantes, comme le dit la circulaire ministérielle, qu'un individu atteint de fièvre typhoïde, par exemple, et dont les linges souillés et les déjections dispersées au hasard vont polluer les eaux et contaminer le voisinage, constitue, pour le public, un plus grave danger qu'un fou furieux et qu'il y a un véritable crime social à ne point prendre à son égard les simples précautions d'isolement et de désinfection que la science assigne et qui permettent de circonscrire l'œuvre de mort.

Jusqu'à ce que ces principes d'hygiène, encore trop ignorés et parfois même contestés, soient entrés dans nos mœurs, il est certain que les pratiques de la désinfection obligatoire apparaîtront à beaucoup comme des mesures tracassières. Elles seront certainement considérées ainsi, si le personnel n'apporte pas dans l'accomplissement de ses fonctions toute la discrétion et le tact qu'elles exigent.

L'article 14 du décret de 1906 spécifie que la personne qualifiée pour faire exécuter la désinfection doit prendre l'engagement de se soumettre, dans l'exécution des mesures prises, au contrôle de l'agent du service public, qui ne pourra se présenter au domicile du malade plus d'une fois par jour. L'ingérence d'agents plus zélés que pourvus de bon sens pourrait créer de sérieuses difficultés. D'autre part, d'après l'article 20, il est dressé un état descriptif et estimatif des objets à détruire par le chef de poste ou l'agent qui s'est rendu à domicile contradictoirement avec le propriétaire de ces objets. Cette estimation peut présenter des dangers et créer de regrettables conflits.

***

*Pratique de la désinfection.* — Pour la pratique de la désinfection, deux cas se présentent, correspondant à deux catégories distinctes d'opérations :

1° La désinfection, dite continue, pendant le cours de la maladie ;

2° La désinfection, dite totale, après le transport dans un autre endroit, la guérison ou le décès du malade.

Tout chef de famille ou directeur d'un établissement public ou privé doit veiller à ce que la désinfection soit exécutée ; le médecin traitant a pour devoir de rappeler cette obligation aux familles, de leur prescrire les désinfectants appropriés, d'en indiquer et surveiller l'emploi. Les services publics de désinfection sont chargés d'assurer ou de contrôler l'application de ces mesures.

La désinfection pendant la maladie doit être continue et porter :

Sur les produits morbides (sécrétions, expectorations, déjections, etc.) ;

Sur les linges, vêtements, ustensiles et menus objets à l'usage du malade ;

Sur le plancher de la chambre et sur les meubles qui seraient directement souillés ;

Sur le malade lui-même et sur les personnes qui l'approchent.

| MALADIES | AGENTS DE CONTAGION ET DE PROPAGATION | PROCÉDÉS DE DÉSINFECTION ET PRÉSERVATION A EMPLOYER | |
|---|---|---|---|
| | | PENDANT LA MALADIE | APRÈS LA MALADIE DÉSINFECTION |
| *1° Maladies pour lesquelles la désinfection est obligatoire.* | | | |
| Fièvre typhoïde. | Selles — et, par suite, *tout ce qui a pu être contaminé par elles*: — corps du malade, linges, objets de literie, vêtements, meubles, tapis, planchers, vases de nuit, ustensiles de cuisine, eau (pouvant, par erreur, être employée en boisson ou pour la préparation des aliments). Garde-malades ou entourages des malades. (A).<br><br>Quelquefois, urines, crachats, sécrétions nasales. | Désinfection des selles au moyen de solutions antiseptiques ; entretien de la propreté du corps du malade avec du savon ou des solutions alcalines ; tous les linges, objets de literie, vêtements, etc., contaminés, soumis à une ébullition prolongée (au moins une heure), dans de l'eau additionnée de sel de cuisine ou de carbonate de soude, ou à une immersion prolongée dans une solution antiseptique. (A)<br>Les planchers, tapis, meubles, vases, soigneusement lavés avec des solutions antiseptiques. | en surface et en profondeur. |
| Variole. | Pustules, croûtes. | Désinfection des linges, draps, mouchoirs, planchers, tapis, objets ayant servi au malade.<br>Aussitôt que possible, bains ou bains-douches. | en surface. |

| MALADIES | AGENTS DE CONTAGION ET DE PROPAGATION | PROCÉDÉS DE DÉSINFECTION ET PRÉSERVATION A EMPLOYER | |
|---|---|---|---|
| | | PENDANT LA MALADIE | APRÈS LA MALADIE DÉSINFECTION |
| carlatine. | Secrétions de la gorge, du nez, desquamations. | Aussitôt que possible, bains ou bains-douches. Désinfection des verres ayant servi au malade pour boire, cuillers, fourchettes, etc. | en surface. |
| ougeole. | Sécrétions des yeux, du nez, de la gorge, des bronches, matières vomies, urines. | Id. | en surface. |
| iphtérie. | Fausses membranes, sécrétions du nez, de la gorge, urines, linges, vêtements. | Id. | en surface. |
| Choléra maladies lériformes. | Selles, matières vomies, et tout ce qu'elles auront pu contaminer. | Comme pour la fièvre typhoïde. | en surface et en profondeur. |
| ysentérie. | Selles, et tout ce qu'elles auront pu contaminer. | Comme pour la fièvre typhoïde. | en surface et en profondeur. |
| ièvre puerale et ophnie purute des nouu-nés (lorsle secret l'accouch[t] pas été réné). | Sécrétions vaginales, lochies, pus. Pus provenant des yeux de l'enfant. | Comme pour la variole, la scarlatine et la rougeole. | en surface et en profondeur. |
| éningite éb.-spinale démique. | Mucosités buccales et nasales. | Comme dans la scarlatine et la rougeole. | en surface. |

| MALADIES | AGENTS DE CONTAGION ET DE PROPAGATION | PROCÉDÉS DE DÉSINFECTION ET PRÉSERVATION A EMPLOYER — PENDANT LA MALADIE | APRÈS LA MALADIE DÉSINFECTION |
|---|---|---|---|
| *2° Maladies pour lesquelles la désinfection n'est que facultative.* | | | |
| Tuberculose pulmonaire | Crachats, produits de suppuration, parfois matières fécales. | Désinfection des crachats et de tout ce qui a été souillé par eux. Comme pour la scarlatine, la variole, etc. | en surface. |
| Coqueluche. | Produits de l'expectoration, des vomissements, des sécrétions nasales. | Comme pour les maladies éruptives. | en surface. |
| Grippe. | Id. | Id. | en surface. |
| Pneumonie et broncho-pneumonie. | Id. | Id. | en surface. |
| Erysipèle. | Sérosité des ampoules et parcelles d'épiderme. | Id. | en surface. |
| Oreillons. | Mucosités de la bouche du nez. | Id. | en surface. |
| Lèpre. | Sang, puces, poux, punaises. | Id. | en surface. |
| Teigne. | Pellicules du cuir chevelu. | Id. | en surface. |
| Conjonctivite purulente et ophtalmie granuleuse. | Sécrétions oculaires. | Id. | en surface. |

NOTA. — Pour tous les cas de maladie contagieuse, ISOLEMENT aussi complet que possible du malade.

(A) Les personnes qui donneront des soins au malade ou devront pénétrer dans sa chambre auront soin de revêtir, par dessus leurs vêtements, une blouse qu'elles laisseront à la sortie. Les gardes-malades ne devront prendre aucune nourriture ni boisson dans la chambre du malade, ni prendre un repas sans s'être lavé les mains au savon, puis les avoir trempées dans une solution antiseptique. Tous les meubles, tentures, tapis, etc., qui ne sont pas indispensables, seront enlevés. La chambre sera aérée plusieurs fois par jour, en prenant des précautions contre les refroidissements. Les poussières des meubles seront enlevées avec des linges humides stérilisés ensuite. Les poussières du sol seront enlevées par balayage, après qu'on aura projeté sur le sol de la sciure de bois imprégnée d'une substance désinfectante.

Cependant les modes de transmission des maladies contagieuses différant suivant la nature de chacune d'elles, les moyens à employer pour empêcher la contagion devront également varier selon les cas.

Il importe donc d'indiquer nettement, pour les principales de ces maladies, la façon dont il est admis actuellement qu'elles se transmettent afin d'en déduire les procédés de désinfection qui leur conviennent.

Il est aussi très intéressant de reproduire ici les instructions élaborées pour la pratique de la désinfection par le Conseil supérieur d'Hygiène publique de France.

*La désinfection pendant la maladie* doit être pour ainsi dire *continue*.

Elle porte :

A. — Sur les produits morbides (sécrétions, expectorations, déjections, etc.);

B. — Sur les linges, vêtements, ustensiles et menus objets à l'usage du malade ;

C. — Sur le plancher de la chambre et sur les meubles qui seraient directement souillés ;

D. — Sur le malade lui-même et sur les personnes qui l'approchent ;

E. — Sur la destruction des petits animaux ou insectes susceptibles de transmettre la maladie.

### A. — *Désinfection des produits morbides*

*Les selles, vomissements et urines* des personnes atteintes de fièvre typhoïde, de dysenterie, de diarrhée estivale, de choléra et de maladies cholériformes, sont reçus dans des vases où l'on aura mis deux à trois grands verres de solution désinfectante (solution de cresylol sodique forte).

Les produits ainsi désinfectés sont, deux à trois heures au moins plus tard, jetés dans les latrines ou enfouis dans une excavation du sol, loin des sources et des puits à eau potable.

*Les crachats* (tuberculose, pneumonie, grippe infectieuse, fièvre typhoïde, peste, etc.), *les fausses membranes et les sécrétions de l'arrière-gorge* (diphtérie, scarlatine, rougeole), sont recueillis dans des crachoirs ou autres récipients appropriés, à moitié remplis d'eau additionnée de cresylol ou de la solution à 10 o/o de soude du commerce. Les crachoirs et leur contenu seront désinfectés par un séjour prolongé dans une solution désinfectante, ou par l'ébullition.

Les *matières issues des pustules ulcérées ou gangrenées et des bubons* dans le cas de peste, les *croûtes* dans la variole, les *pellicules* dans la scarlatine, doivent être détruites par le feu, stérilisées par l'eau bouillante, ou maintenues dans une forte solution désinfectante jusqu'à ce qu'elles soient complètement imprégnées.

### B. — *Désinfection des linges, vêtements, ustensiles et menus objets à l'usage du malade*

*Les linges, tels que les chemises, **draps de lits, essuie-mains, mouchoirs***, etc., qui ont été en contact avec le malade, doivent, si l'on ne peut procéder immédiatement à leur désinfection, être enveloppés, dès qu'ils ne sont plus en usage, dans des draps ou des sacs mouillés au moyen de la solution de cresylol.

Pour les désinfecter sur place, on peut, soit les plonger dans une cuvette ou un baquet contenant la solution faible de cresylol, soit les faire bouillir, au moins pendant une heure, dans une lessive de carbonate de soude ou dans une forte savonnée. Les linges resteront douze heures au moins dans la solution désinfectante, puis ils seront rincés dans de l'eau pure.

Dans le cas où les linges ne pourraient être désinfectés sur place par l'un de ces procédés, les services de désinfection auraient soin de faire remettre au domicile des personnes malades des sacs en grosse toile numérotés, dans lesquels on pourra empaqueter les vêtements et le linge, etc., destinés à la désinfection ; ils les feront enlever à temps et remplacer au fur et à mesure.

Les choses sans valeur, loques, vêtements sordides, chemises usées, ouate salie, etc., sont brûlés chaque fois qu'on le pourra, sinon plongés dans une solution désinfectante.

Lorsque des bains froids ou tièdes sont employés pour le traitement, l'eau peut être chargée de souillures provenant du malade et devenir elle-même lorsqu'elle sera projetée sur le sol un moyen de contamination dangereux.

Elle devra donc être désinfectée après usage par l'addition de cresylol sodique (solution à 1 0/0).

Les baignoires seront vidées pour que l'eau, même désinfectée, ne puisse pas atteindre les puits ou les sources.

Les vêtements souillés ou contaminés doivent être enveloppés, dès qu'ils ne sont plus en usage, comme il est dit pour les linges au paragraphe précédent, en attendant qu'on procède à leur désinfection.

Les vêtements de toile sont désinfectés dans l'eau bouillante.

Les vêtements de laine et de drap sont désinfectés dans une étuve à vapeur d'eau ou à vapeurs antiseptiques.

Les uniformes, les fourrures, les chaussures, les objets d'habillement en cuir, en caoutchouc, en moleskine, les chapeaux en soie ou en feutre et les casquettes, les vêtements confectionnés avec des tissus délicats tels que la soie, la peluche, le velours, etc., doivent être de préférence soumis à l'action de l'aldéhyde formique gazeuse, à l'aide de l'un des appareils autorisés et suivant les conditions données à cette autorisation.

Les ustensiles de cuisine, assiettes, tasses, verres, cuillères, etc., les crachoirs, les récipients qui en tiennent lieu, sont plongés pendant plusieurs heures dans une solution désinfectante ou dans de l'eau qu'on portera à ébullition, et soigneusement nettoyés.

Les petits objets à usage personnel des malades, livres, jouets, crayons, fournitures de bureau, porte-monnaie (et le cas échéant les billets de banque ou valeurs qui auraient pu être contaminés par le malade), sont soumis à l'action de l'aldéhyde formique à l'aide de l'un des appareils autorisés et suivant les conditions données à cette autorisation.

Toutefois, les jouets, livres et autres menus objets qui n'auraient pas de valeur seront brûlés dans la cheminée ou le poêle, chaque fois qu'on le pourra.

Les aliments ayant séjourné dans la chambre ne devront être consommés qu'après avoir subi, autant que possible, une nouvelle cuisson.

### C. — *Désinfection du plancher de la chambre et des meubles qui auraient été directement souillés*

Les planchers, les poignées des portes de la chambre des malades, les meubles sont nettoyés chaque jour au moins une fois avec des linges humectés par la solution forte de crésylol. Les balayures sont jetées au feu.

Si les produits morbides, tels que crachats, vomissements, urines, sang, etc., ont souillé un objet, un meuble, le plancher, etc., on aura soin de les arroser de suite avec la même solution et de les essuyer plus tard avec des linges trempés dans cette solution.

### D. — *Désinfection du corps du malade et des personnes qui l'approchent*

Le médecin veillera à la désinfection des parties du corps du malade souillées par des déjections.

Les linges ou ouate employés à cet usage sont ensuite plongés pendant une heure dans une solution désinfectante ou brûlés.

Les convalescents de variole, scarlatine, diphtérie, rougeole doivent, avant de reprendre leur vie habituelle, (les enfants avant de retourner à l'école), prendre un grand bain savonneux ou, tout au moins, subir des lotions savonneuses et générales. Ces lavages devront s'étendre au cuir chevelu et à la barbe.

Après ces lavages, les convalescents auront soin de revêtir du linge propre et des vêtements qui n'ont pas été portés pendant la maladie, à moins qu'on ne les ait préalablement désinfectés.

Les personnes qui soignent les malades et toutes celles qui auraient pu s'infecter à leur contact, doivent se désinfecter les mains, la figure et la barbe en sortant de la chambre du malade.

Il leur est recommandé de mettre, en entrant, par-dessus leurs vêtements, une longue blouse, qu'elles laisseront dans la chambre et qui devra être ultérieurement soumise à la désinfection ; de même il leur est recommandé de porter à l'intérieur de la chambre des chaussures spéciales qu'elles mettront en entrant et laisseront en sortant.

Elles doivent s'interdire de prendre leurs repas dans la chambre des malades et se désinfecteront les mains et la figure avant de manger.

### E. — *Destruction des insectes et petits animaux*

On s'efforcera de détruire les insectes (mouches, moustiques, puces, punaises, etc.), et les petits animaux (rats, souris), en cas de fièvre typhoïde, dysenterie, choléra, peste, fièvre jaune, typhus exanthématique, lèpre, suette miliaire par tous les moyens spéciaux dont on pourra disposer. L'emploi de gaz asphyxiants, tels que l'acide sulfureux, seul ou en combinaison, permet d'y parvenir dans des locaux fermés. Il n'existe pas jusqu'ici de procédé qui permette à lui seul d'assurer, avec certitude, la destruction de ces animaux et parasites d'une façon absolue ; mais il faut néanmoins utiliser tous ceux qu'on a pratiquement à sa portée et qui sont d'ordinaire, mis en usage.

*
* *

La désinfection après la maladie, qu'elle qu'en soit l'issue, comporte deux opérations différentes :

1° La désinfection en surface ;

2° La désinfection en profondeur.

Suivant les instructions données, la désinfection doit porter sur les produits éliminés par le malade, sur le local et sur tous les objets contenus dans la pièce qu'il occupe et qui ont pu être en contact plus ou moins direct avec lui.

La désinfection des produits éliminés par le malade, se pratique au cours de la maladie.

Les objets imperméables n'ont pu être contaminés que superficiellement, les parois du local, le mobilier et la plupart des objets résistants, sont dans ce cas et il n'y a à réaliser que la désinfection de leur surface.

Les objets perméables, notamment les linges, la

literie, les tapis, les vêtements, peuvent être contaminés profondément par les déchets fluides, tels que sang, matières fécales, urines, humeurs, écoulements, crachats, ils demanderont à être désinfectés dans toute leur profondeur.

*Matériel.* — La question la plus délicate est celle du matériel qu'il conviendrait de déposer dans chaque poste de désinfection pour assurer convenablement le service.

Le décret du 10 juillet 1906 n'impose aucun système spécial d'appareils. Il laisse aux conseils généraux, le libre choix parmi tous ceux qui, ayant subi avec succès les épreuves imposées par le Comité central d'Hygiène, ont reçu l'estampille du ministre de l'Intérieur.

Cette mesure n'a pas pour objet d'entraver la liberté individuelle. M. Brouardel, commissaire du gouvernement, disait à la Chambre : la seule chose que nous demandons, c'est que les procédés qui seront employés soient reconnus efficaces... ce que nous voulons, c'est uniquement protester contre l'hypocrisie d'une désinfection faite par des procédés n'ayant aucune espèce de valeur.

Le maire a d'ailleurs le droit non seulement d'ordonner la prescription des locaux, mais aussi celui de préciser par quels procédés elle devra se faire. Il dépasserait son droit et porterait atteinte à la liberté commerciale, s'il indiquait un appareil ou un produit spécial à l'exclusion de tous autres.

Les instructions pour la pratique de la désinfection, adoptées par le Conseil supérieur d'Hygiène publique de France, indiquent les procédés simples de désinfection par lavages ou immersion dans l'eau bouillante, ou à l'aide de substances chimiques, telles que le crésylol sodique étendu d'eau, l'eau de javel, les lessives chaudes, le sulfate de cuivre, le chlorure de chaux, l'aldéhyde formique en solution, le lait de chaux, le sublimé corrosif, la lessive de soude.

Quant à la désinfection par les gaz désinfectants, on doit utiliser l'aldéhyde formique obtenue à l'aide de l'un des appareils autorisés officiellement.

Les mesures simples de désinfection, telles que le trempage immédiat des linges contaminés dans des solutions désinfectantes, le lavage du parquet, la stérilisation immédiate des matières fécaloïdes et exsudats quelconques, la destruction des insectes, peuvent réaliser, dans certains cas, comme l'indiquent les instructions officielles, la désinfection en surface et la désinfection en profondeur sans le concours d'aucun outillage spécial. La plupart constituent de simples mesures courantes de propreté, grâce auxquelles on lutte journellement contre les épidémies.

Parmi les procédés officiellement admis par le Conseil supérieur d'Hygiène publique, et dotés du certificat du ministre de l'Intérieur, le choix devra être guidé d'après les conditions suivantes :

1° Au point de vue de l'efficacité ; la composition et la quantité de l'agent désinfectant doivent être faciles à évaluer et à contrôler ;

2° Au point de vue de la conduite de la désinfection ; celle-ci doit être aussi simple que possible, ne pas exiger l'emploi d'appareils trop compliqués nécessitant l'intervention d'un personnel plus compétent, ni des soins plus délicats, que ceux qu'on doit s'attendre à trouver ou à obtenir couramment dans la pratique ;

3° Au point de vue économique, utiliser des appareils ou procédés légers, peu encombrants, peu coûteux, facilement transportables. La facilité du transport est un point capital surtout pour un service départemental, où l'on est appelé à effectuer des désinfections à des distances plus ou moins grandes du poste de désinfection ;

4° Au point de vue domestique : l'opération ne devra pas avoir une trop longue durée ; les locaux et la literie doivent pouvoir être réoccupés et réemployés après quelques heures.

Il n'y a pas encore, à notre connaissance, de procédés permettant de réaliser, par une seule opération, la désinfection totale en surface et en profondeur. Il faudra donc recourir à deux opérations qui pourront se faire simultanément et sur place.

Pour pratiquer la *désinfection en surface*, un assez grand nombre de procédés ont été l'objet du certificat d'efficacité exigé par la loi et délivré par le ministre de l'Intérieur ; tous ces appareils utilisent comme agent de désinfection l'aldéhyde formique, mais de diverses manières et sous des formes différentes. Dans certains procédés, il est vaporisé à froid, dans d'autres à chaud.

A égalité de pouvoir désinfectant, il est nécessaire de comparer les appareils au point de vue de la robustesse,du poids et des dimensions ; de la facilité de manœuvre et de la rapidité du fonctionnement ; et surtout du prix d'achat et du prix de revient des opérations.

En principe, les appareils choisis devront être simples, afin de pouvoir être mis entre les mains d'une personne quelconque, c'est-à-dire, en général, peu au courant des choses de la mécanique ; robustes pour pouvoir faire un long usage, d'autant plus que, dans la pratique, ils seront transportés fréquemment, qu'ils ne serviront pas d'une façon continue et resteront parfois un certain temps sans être employés.

On devra aussi tenir compte de la rapidité avec laquelle sera assurée la désinfection. De plus, le matériel devra procurer des opérations efficaces, à l'abri de la négligence ou de la malveillance, et devra fonctionner en quelque sorte automatiquement. Il ne devra, en outre, exiger que des produits de faible prix d'achat et se trouvant dans le commerce.

La *désinfection en profondeur* comprend le traitement de la literie, des vêtements, des objets perméables, souillés par les produits et germes dangereux éliminés par le malade, dans le but de rendre ces objets inoffensifs.

Ici, les procédés de désinfection en surface échouent et l'on est forcé de recourir à l'emploi d'appareils plus compliqués. Il faut que le désinfectant puisse traverser des étoffes à tissus serrés, les couvertures, les paquets de linge, et soit susceptible de pénétrer la laine, la plume, le crin des matelas et de toute la literie.

Le procédé de destruction absolue est le feu ; il peut être employé pour les objets auxquels on n'attache aucune importance matérielle ou personnelle. Mais ce moyen de destruction est souvent difficile à réaliser pour des causes diverses et notamment en raison des dimensions de l'objet, des dangers d'incendie et aussi de la dissémination par le vent, des fragments non désinfectés.

On doit donc recourir à la submersion dans des solutions désinfectantes d'eau bouillante, de lessives chaudes, d'eau de Javel, etc. Si ce procédé de submersion peut s'appliquer aux linges, aux toiles des objets de literie, à certains vêtements, il est généralement impraticable pour les matelas, les oreillers, les édredons, etc.

Lorsque la désinfection par submersion est inapplicable, il y a lieu d'employer des procédés spéciaux plus compliqués qui, tout en réalisant la désinfection avec toute l'efficacité voulue, n'altèrent pas la literie.

L'exposition des objets contaminés dans une étuve, soit à vapeur d'eau, soit à dégagement de gaz antiseptique, est le meilleur et le plus rapide moyen de désinfection en profondeur.

Dans le choix des procédés et appareils de désinfection en profondeur, il doit être fait une distinction qui présente la plus grande importance. Les uns permettent de réaliser la désinfection au domicile du malade et les autres, essentiellement fixes, sont destinés à fonctionner au siège du poste, après que les objets à désinfecter y auront été transportés.

La désinfection effectuée au poste nécessite un outillage spécial, plus compliqué et un matériel plus important en raison, notamment, du double transport des objets avant et après l'opération.

Si la désinfection au poste peut être adoptée dans les villes importantes où le champ d'action est restreint eu égard à la population, elle doit être rejetée chaque fois que le poste doit rayonner sur une grande étendue.

*Taxes de désinfection.* — Bien que les dépenses rendues nécessaires par la loi de 1902, sur la protection de la santé publique soient obligatoires pour les départements et les communes, l'article 26 de ladite loi stipule que des taxes seront établies pour le remboursement des dépenses relatives au service de la désinfection.

En vertu de l'article 22 du décret du 18 juillet 1906, les taxes de remboursement sont calculées proportionnellement à la valeur locative de l'ensemble des locaux d'habitation dont dépend la pièce occupée par le malade.

Le tarif est arrêté par le conseil général : il ne peut dépasser le maximum de 3 o/o dans les communes de moins de 5.000 habitants, et 2,50 o/o dans celles de 5.000 à 20.000 habitants. Toutefois, la taxe à percevoir ne peut dépasser 30 francs par pièce soumise à la désinfection totale.

La désinfection est gratuite pour les personnes inscrites sur les listes de l'assistance médicale gratuite, à titre d'indigents.

Si la désinfection est pratiquée de nuit elle donne lieu à une redevance supplémentaire de 50 o/o.

Le tarif est uniformément fixé à un taux qui ne saurait dépasser 5 francs, s'il s'agit de chambres d'hôtels garnis, de loges de concierges, de chambres de domestiques ou de chambres individuelles d'ouvriers logés chez leurs patrons.

## L'Enquête Sanitaire

La déclaration du médecin qui soigne une maladie contagieuse a donc pour premier résultat d'entraîner la désinfection. Elle a un autre effet. L'arrêté ministériel du 10 février 1903 ordonne la tenue, dans chaque arrondissement, par le préfet ou le sous-préfet d'un registre spécial où seront inscrits par ordre chronologique, les cas de maladie, les dates de leur déclaration, les noms des déclarants et l'indication du lieu où ils se sont produits. Ce registre est établi par commune. Il permet de suivre le développement d'une épidémie et de se rendre compte à toute époque de l'état sanitaire d'une commune ou d'une ville.

Lorsque pendant trois années consécutives le nombre des décès dans une commune a dépassé le chiffre de la mortalité moyenne de la France, le préfet est tenu de charger le conseil départemental d'hygiène de procéder à une enquête sur les condition sanitaires de cette agglomération.

Il y a dans ce texte de l'article 9 de la loi de 1902, un empiétement sur les pouvoirs de l'autorité municipale en matière de salubrité. Il est justifié par la nécessité de protéger le maire contre son inexpérience ou sa faiblesse ou par l'utilité de réparer les conséquences fâcheuses de son inertie. L'intervention de l'autorité supérieure est automatique car elle résulte mathématiquement de l'examen des tables de mortalité.

La rédaction de l'article 6 est défectueuse et ambiguë. Son application est compliquée. Le préfet charge la commission sanitaire de procéder à une enquête sur l'état sanitaire de la commune visée. Si cette enquête détermine la nécessité de travaux, la commune sera mise en demeure de les exécuter. Au cas où elle ne les ferait pas, le conseil départemental d'hygiène est saisi et examine leur utilité et leur nécessité après avoir entendu le maire tenu de présenter ses observations sur la première enquête. Tout est terminé si le maire se conforme à la décision du conseil.

Mais, examinons deux cas : celui où le conseil départemental d'hygiène n'adopterait pas les conclusions de l'enquête de la commission sanitaire sur la nécessité des travaux, et celui où le maire ne consentirait pas à leur exécution.

Dans ces deux hypothèses, le préfet transmettra les délibérations de la Commission sanitaire et du Conseil d'hygiène, accompagnées des observations du maire, au ministre de l'Intérieur.

Le ministre décidera que les travaux prescrits ne sont pas nécessaires ou soumettra le dossier au Comité consultatif d'Hygiène de France.

Ce Comité procédera à une enquête. Les résultats en seront affichés dans la commune.

Si le Comité consultatif d'Hygiène de France ordonne des travaux — même différents de ceux prescrits par la Commission sanitaire et par le Conseil départemental d'Hygiène — le préfet doit mettre la commune en demeure d'exécuter ces travaux.

Au cas où dans les délais prescrits, la commune

ne s'est pas exécutée, un décret du Président de la République, rendu en Conseil d'Etat, ordonne leur exécution.

Enfin si la commune refuse de solder la dépense, l'imposition d'office ne pourra résulter que d'une loi.

La loi du 16 septembre 1807 décidait dans son article 35 que toutes les dépenses des travaux de salubrité qui intéressaient une agglomération et étaient ordonnées par le gouvernement devaient être supportées par les communes intéressées. L'article 36 stipulait que les travaux de salubrité devaient être réglés par l'administration publique.

Le législateur de 1902 a probablement estimé que cette loi de 1807 laissait d'une façon trop absolue les communes à la discrétion de l'autorité préfectorale, aussi il n'autorise l'intervention du préfet que dans le cas où le Conseil départemental d'Hygiène ou le Comité consultatif ont conclu à la nécessité des travaux à exécuter.

Il n'oblige la commune à exécuter ces travaux que si un décret en Conseil d'Etat a déterminé leurs conditions d'exécution.

Enfin il exige que seule une loi puisse mettre les dépenses à la charge de la commune.

L'arrêté ci-dessous montre tout à la fois la série des mesures nécessaires à l'application de cet article 9 et la ferme volonté du gouvernement d'en poursuivre son exécution en cas de besoin.

## *Arrêté du 16 juillet 1908*

Le président du conseil, ministre de l'Intérieur ;

Vu l'article 9 de la loi du 15 février 1902, relative à la protection de la santé publique :

Considérant qu'il est hors de toute contestation que pendant plus de trois années consécutives le nombre des décès dans la ville de Privas a dépassé le chiffre de la mortalité moyenne de la France :

Vu l'enquête du Conseil départemental d'Hygiène du 26 octobre 1907, établissant que l'état sanitaire de la commune nécessite des travaux d'assainissement ;

Vu la mise en demeure adressée par M. le préfet de l'Ardèche à la commune le 29 octobre 1907, et non suivie d'effet ;

Vu la délibération du Conseil départemental d'Hygiène du 18 mars 1908, relative à l'utilité et à la nature des travaux jugés nécessaires ;

Vu la mise en demeure, adressée le 19 mars 1908 par M. le préfet de l'Ardèche à M. le maire de Privas, de présenter ses observations devant ledit conseil;

Vu le troisième paragraphe de l'article 9 susvisé ainsi conçu :

« Le préfet transmet la délibération du Conseil départemental au ministre de l'Intérieur, qui s'il le juge à propos, soumet la question au Conseil supérieur d'Hygiène publique de France. Celui-ci procède à une enquête sur place dont les résultats sont affichés dans la commune. »

Vu la délibération du Conseil supérieur d'Hygiène en date du 6 juillet 1908, dont le texte suit :

« Le Conseil supérieur d'Hygiène :

« Chargé conformément à l'article 9 de la loi du 15 février 1902 par M. le président du Conseil de faire une enquête sur les conditions sanitaires de la ville de Privas ;

« Après avoir entendu le rapport préliminaire de M. Chantemesse et les rapports présentés par MM. Bordas, Dienert, et Masson au nom de la délégation chargée de mener l'enquête sur place ;

« Après en avoir délibéré :

« Décide de présenter à M. le président du Conseil, pour être affichées dans la commune, les conclusions suivantes :

« L'insalubrité de la ville de Privas est notoire ; déjà en 1896-1897 lors de l'épidémie de diphtérie qui, pendant plus d'une année, fit dans cette commune de nombreuses victimes, des travaux d'assainissement furent reconnus par tous comme indispensables ; aucun effort cependant n'a été accompli.

« Chaque jour la situation s'aggrave : d'une part les canalisations d'amenée d'eau sont exposées à des dangers plus directs de contamination ; d'autre part, un certain nombre de vieilles maisons laissées à l'abandon, dépourvues de cabinets d'aisance, deviennent de plus inhabitables ; enfin, l'état des égouts est des plus lamentables et le sous-sol, saturé de toutes les eaux résiduaires de la ville, constitue un foyer d'infection permanent. Partout éclate une insouciance extraordinaire des précautions d'hygiène les plus élémentaires : ici les eaux et déchets de l'abattoir s'écoulent librement sur un charnier où sont cultivés les légumes ; là, sous les fenêtres du collège, à quelques mètres de la cour de récréation des élèves, s'étale un dépotoir où toutes sortes d'immondices sont accumulés. A chaque pas, il est vrai se dressent en ville des écriteaux interdisant aux habitants de déposer des ordures sur la voie publique ; mais à chaque pas aussi les délégués du Conseil ont rencontré des maisons dépourvues de tout cabinet d'aisance et dont les habitants n'ont d'autres moyens de se débarrasser des ordures qu'en les jetant à la rue. Tous les témoins entendus sont d'accord pour reconnaitre qu'en été la ville est très souvent incommodée par des émanations infectes. « Cette situation intolérable s'est prolongée. Le devoir s'impose d'autant plus de la faire cesser qu'il est aisé d'y porter remède ».

« 1° Il est indispensable avant tout d'instituer un réseau complet d'égouts desservant toutes les rues et ruelles de la ville sans exception, conformément au programme d'instruction des projets de construction d'égouts élaboré par le Conseil supérieur d'Hygiène en juin 1906.

« Ces égouts devront être disposés de façon à recevoir, avec les eaux ménagères, les matières de vidange provenant des cabinets, lesquels seront établis selon les prescriptions du règlement sanitaire communal.

« Les eaux d'égouts devront être épurées avant d'être rejetées dans les cours d'eau ; si la municipalité est tenue par contrats antérieurs ou a le désir de maintenir un épandage partiel dans certaines propriétés, cet épandage devra être soumis aux garanties d'usage rappelées au rapport de M. Masson.

« 2° Les sources captées par la ville de Privas paraissent avoir un débit suffisant et pour l'alimentation en eau potable et pour le service de ces égouts ; elles peuvent, sous certaines précautions, être de bonne qualité ; mais il est indispensable, d'autre part, de prendre toutes mesures pour empêcher la pollution de ces eaux de sources ici par les purins et fumiers d'une ferme voisine, là par les infiltrations des eaux de ruissellement, en divers points par les ordures que chacun peut aujourd'hui librement y jeter ; il est indispensable d'autre part de procéder à des réfections de la canalisation pour boucher les fissures et empêcher les déperditions d'eau qui sont aujourd'hui considérables. Grâce à ce double effort, la population de Privas sera fournie à toute époque de l'année d'une eau pure et abondante. L'énumération des travaux à réaliser tant pour l'agglomération que pour les hameaux se trouve au rapport de M. Dienert.

« 3° Il sera enfin indispensable, dès que le réseau d'égouts aura été établi, de tenir la main à la stricte application du règlement sanitaire, notamment en ce qui concerne l'installation des cabinets d'aisance et plus spécialement encore dans le quartier du Pouzin ; si les propriétaires ne leur apportent pas les améliorations nécessaires, les immeubles visés étant incontestablement dangereux pour la santé des occupants, le maire ou, à son défaut, le préfet, devra leur appliquer la procédure définie par l'article 12 de la loi du 15 février 1902, et qui peut aboutir à l'interdiction d'habiter ; cette question a été traitée en détail par le rapport de M. Bordas.

« L'intérêt de la santé publique exige impérieusement que le gouvernement poursuive d'urgence, dans les trois ordres d'idées ci-dessus indiqués et par toutes voies de droit, l'exécution du programme d'assainissement de la ville de Privas. »

Arrête :

Article premier. — Le présent arrêté sera affiché dans la commune, le texte *in-extenso* des rapports présentés au Conseil supérieur d'Hygiène par MM. Chantemesse, Bordas, Deniert et Masson sera déposé à la Préfecture de Privas et mis pendant quinze jours pleins à la disposition des habitants de la commune qui voudront en prendre connaissance.

Art. 2. — Le préfet de l'Ardèche est chargé de l'exécution du présent arrêté.

Ainsi le législateur entoure des garanties les plus grandes l'atteinte qu'il porte à l'autonomie communale même lorsqu'il s'agit de la commune la plus insalubre du territoire de la République.

Il n'est qu'un cas où ses scrupules disparaissent, c'est lorsqu'une épidémie menace le pays.

## Les Epidémies

Quand une épidémie présentant un caractère exceptionnel de gravité, soit au point de vue de la nature de la maladie, soit au point de vue de la rapidité de sa propagation, se produit et que les règlements sanitaires des communes et les mesures particulières prises dans les localités sont reconnues insuffisantes, des mesures exceptionnelles s'imposent.

La loi du 3 mars 1822 et l'article 8 de la loi de 1902 permettent alors au chef de l'Etat d'agir rapidement et suivant les circonstances. Le Pouvoir central se substitue immédiatement aux pouvoirs locaux. Le chef de l'Etat peut prendre toutes les mesures d'organisation exceptionnelles qu'il jugera utile. Il n'a aucune limite à son droit, ses décisions sont souveraines et ne peuvent être l'objet d'aucun recours. C'est là une particularité unique dans notre législation et une dérogation à ses principes fondamentaux.

La loi du 3 mars 1822 est exclusivement dirigée contre l'importation et la propagation des maladies pestilentielles exotiques.

L'article 1er de cette loi est ainsi conçu :

« Le roi détermine par des ordonnances : 1° les pays dont les provenances doivent être habituellement ou temporairement soumises au régime sanitaire ; 2° les mesures à observer sur les côtes, dans les ports et rades, dans les lazarets et autres lieux réservés ; 3° les mesures extraordinaires que l'invasion ou la crainte d'une maladie pestilentielle rendraient nécessaires sur les frontières de terre ou dans l'intérieur.

Il règle les attributions, la composition et le ressort des autorités et administrations chargées de l'exécution de ces mesures, et leur délègue le pouvoir d'appliquer provisoirement, dans des cas d'urgence, le régime sanitaire aux portions du territoire qui seraient inopinément menacées. »

Cette loi présente les pénalités les plus terribles, allant de trois jours de prison et l'amende jusqu'à la réclusion, les travaux forcés, la dégradation civique, la mort pour la violation de règlements.

Elle prévoit un régime de quarantaine, de cordons sanitaires armés (1).

La loi de 1822 subsiste en ce qui concerne la protection du territoire contre les maladies venant de l'extérieur (choléra, peste, fièvre jaune, typhus, variole). C'est une loi d'hygiène internationale et de défense maritime et continentale contre l'importation de l'épidémie venant du dehors.

Tout dernièrement, en septembre 1908, cette loi d'ailleurs recevait son application. Alors qu'une épidémie de choléra sévissait en Russie et menaçait la France, le décret suivant était affiché dans toutes les communes.

1. L'article 30 de la loi de 1902 a rendu applicable l'article 463 du Code pénal aux infractions punies de peines correctionnelles par la loi du 3 mars 1822.

## *Décret relatif à la surveillance spéciale à exercer, au point de vue sanitaire, sur les voyageurs, colis ou objets provenant d'une région contaminée de choléra.*

Le Président de la République française.

Sur le rapport du président du conseil, ministre de l'Intérieur ;

Vu la loi du 3 mars 1822 sur la police sanitaire ;

Vu la convention sanitaire internationale de Paris, promulguée par décret du 26 août 1907 ;

Vu l'avis de la section permanente du Conseil supérieur d'Hygiène,

Décrète :

Article premier. — Une surveillance spéciale est exercée au point de vue sanitaire et dans les conditions fixées ci-après sur tout voyageur, tout colis ou objet provenant d'une région contaminée de choléra.

Art. 2. — Tout voyageur, reconnu à la gare frontière comme atteint de choléra, sera retenu et soigné dans un local hospitalier ou dans un local spécialement aménagé à cet effet.

Art. 3 — Tout voyageur, considéré à la gare frontière comme suspect de choléra, y sera retenu et isolé, dans un local spécial, pendant une période de temps qui ne pourra excéder cinq jours.

Art. 4. — Tout voyageur, non retenu à la gare frontière et à destination d'une commune de France autre que Paris, recevra à la frontière un passeport sanitaire qu'il devra présenter ou faire présenter au maire de ladite commune dans les vingt-quatre heures de son arrivée.

Tout voyageur non retenu à la frontière et arrivant à Paris devra, à la gare terminus, indiquer au service compétent l'adresse exacte à laquelle il se rend.

Art. 5. — Tout voyageur défini à l'article 4 sera, par les soins du maire et à Paris du préfet de police, l'objet d'une surveillance sanitaire dont la durée ne pourra excéder cinq jours. La visite aura lieu à domicile ; néanmoins le préfet de police peut ordonner d'une façon générale, d'une part, que si le médecin sanitaire se présente avant midi et que le voyageur soit absent, celui-ci sera tenu de se présenter le même jour avant sept heures du soir, sauf cas de force majeure dont il devra d'urgence donner avis à un poste médical désigné à l'avance et que, d'autre part, si le médecin sanitaire se présente après-midi et que le voyageur soit absent, celui-ci sera tenu de se présenter audit poste le lendemain avant midi.

Art. 6. — Tout voyageur qui, au cours de cette surveillance, serait reconnu atteint ou considéré comme suspect de choléra sera rigoureusement isolé et toutes mesures de prophylaxie seront prises sur-le-champ à son égard et à l'égard des personnes de son entourage.

Art. 7. — Tout voyageur qui, au cours de cette période de cinq jours, se rendra dans une nouvelle commune, devra faire au maire de celle-ci sa déclaration immédiatement après son arrivée.

A Paris, et dans la même période de cinq jours, tout changement d'adresse devra être immédiatement déclaré à la préfecture de police ou à la mairie de l'arrondissement du nouveau domicile.

Art. 8. — Toute personne logeant un ou plusieurs voyageurs venant de régions contaminées est tenue d'en faire la déclaration dans les vingt-quatre heures au maire de la commune et, à Paris, au préfet de police ou à la mairie de l'arrondissement.

ART. 9. — Tout objet faisant partie d'un colis à la main ou d'un bagage de grande ou petite vitesse, et que l'autorité sanitaire considère comme contaminé, sera désinfecté d'office.

ART. 10. — Est prohibée l'entrée en France par la frontière de terre, en provenance des régions contaminées : 1° de linge sale, de hardes, vêtements ou literies souillées, en dehors du cas où ils seraient transportés comme bagages ; 2° des chiffons et drilles, à l'exception des chiffons comprimés qui sont transportés comme marchandises en gros par ballots cerclés ; 3° des fruits et légumes poussant dans le sol ou au niveau du sol.

ART. 11. — Les voitures qui auraient été occupées par un malade atteint de choléra ou considéré comme suspect de choléra par l'autorité sanitaire seront évacuées et désinfectées dans le moindre délai.

ART. 12. — La déclaration à la mairie de tout cas suspect d'être un cas de choléra est obligatoire dans les vingt-quatre heures pour tout médecin qui en a constaté l'existence et, à défaut, pour le chef de famille ou les personnes qui soignent le malade et pour toute personne qui le logerait. A Paris, cette déclaration doit être faite à la préfecture de police ou aux mairies.

ART. 13. — Les infractions au présent décret seront constatées et poursuivies conformément aux prescriptions de la loi du 3 mars 1822, notamment de l'article 13 qui punit d'un emprisonnement de quinze jours à trois mois et d'une amende de 50 à 500 francs, tout individu qui aurait refusé d'obéir aux réquisitions d'urgence pour un service sanitaire ou qui, ayant connaissance d'un symptôme de choléra, aurait négligé d'en avertir les autorités sanitaires, et de l'article 14 qui punit d'un emprisonnement de trois à quinze jours et d'une amende de 5 à 50 francs quiconque, sans avoir commis aucun des délits nommément spécifiés dans les articles précédents de la loi, aurait contrevenu en matière sanitaire, soit aux règlements généraux ou locaux, soit aux ordres des autorités compétentes.

ART. 14. — Les préfets, les maires, les commissaires spéciaux des gares et les commissaires de police, et toutes personnes qui seront désignées spécialement à cet effet par arrêté du ministre de l'Intérieur, sont délégués, conformément à l'article 1er de la loi du 3 mars 1822, pour assurer l'exécution du présent décret qui sera publié au *Journal officiel*, affiché dans l'édition des communes et inséré au *Bulletin des lois* (1).

Fait à Rambouillet, le 18 septembre 1908.

A. FALLIÈRES

Par le Président de la République :

*Le président du Conseil, ministre de l'Intérieur,*

G. CLEMENCEAU

M. le ministre de l'Intérieur, dans une circulaire adressée aux préfets, disait : « Ces obligations plus étendues, vous le remarquerez, que celles prescrites par la loi du 15 février 1902 puisqu'elles visent la déclaration des cas suspects et qu'elles touchent diverses catégories de personnes, sont incontestablement de nature à empêcher la maladie de s'im-

1. Les dispositions de ce décret autres que celles qui font l'objet des articles 10, 12 et 13 ont été abrogées le 6 novembre 1908.

planter en France si elles sont exécutées avec toute la rigueur qu'elles comportent.

« Lourde serait la responsabilité de ceux dont la négligence ou le mauvais vouloir aurait déterminé la contamination d'une partie du territoire. Cette responsabilité ne serait pas seulement morale ; elle motiverait les graves pénalités prévues par la loi du 3 mars 1822 dont je requerrais l'exécution. »

L'article 8 de la loi de 1902 (1) vise les maladies pestilentielles qui ayant pénétré sur le territoire se sont implantées sur l'une de ses portions et, d'autre part, les épidémies qui existent à l'état endémique sur notre sol au moment où se développant avec trop de violence elles rendent insuffisants les moyens de défense normaux et justifient une organisation exceptionnelle.

## Les Médecins des Epidémies

C'est en 1805 qu'a été institué dans chaque arrondissement la fonction de médecin des épidémies. Dès l'année 1813, une circulaire ministérielle a prescrit aux préfets de prendre des mesures déterminées à l'avance pour la bonne marche de ce service.

1. L'article 27 de la loi du 15 février 1902 ne frappe que des peines portées à l'article 471 du Code pénal (c'est-à-dire les contraventions à l'article 8 d'une amende de 1 franc jusqu'à 5 francs inclusivement).

Le médecin des épidémies était, à ce moment, nommé par le ministre du Commerce sur la présentation par le préfet de trois candidats. A la suite du décret de 1852 sur la décentralisation administrative cette nomination a été dévolue au préfet du département. Il est intéressant de rappeler que le principal motif de la création de l'ancienne Société royale de Médecine fut l'étude des épidémies et des épizooties. Les premiers travaux de cette association eurent pour objet l'étude de ces maladies. Une circulaire ministérielle du 13 avril 1835 porte à la connaissance des préfets les observations présentées au gouvernement par l'Académie de Médecine dans le but d'éclairer l'administration sur les mesures à adopter pour prévenir l'invasion des épidémies et pour en combattre les effets. Il est recommandé aux préfets d'étudier les différentes causes d'insalubrité et les moyens de les faire cesser ou de les atténuer le plus possible ; il leur est également prescrit de compléter dans tous les arrondissements le service des médecins des épidémies.

Afin de pouvoir comparer les observations de ces praticiens, M. le ministre a donné un modèle de rapport à remplir par tous les médecins des épidémies ; il a insisté également sur la nécessité d'une marche uniforme à suivre par les médecins appelés à décrire les maladies épidémiques.

Le médecin des épidémies a un rôle très important à remplir lorsque le nombre des malades atteints d'une maladie transmissible dépasse la proportion normale.

Jusqu'à ces derniers temps c'était le maire seul qui se trouvait en situation de provoquer les observations du médecin des épidémies. Mais depuis que la loi de 1902 a rendu obligatoire la déclaration des maladies transmissibles, le préfet est en mesure de réclamer les services de ce praticien.

Dès qu'une maladie épidémique est constatée dans une région ou dans une agglomération, le préfet doit inviter le médecin des épidémies à se rendre immédiatement sur les lieux où sa présence apparaît comme nécessaire.

Il constate la nature de l'affection, recherche les causes qui ont pu lui donner naissance, en observe les effets, s'entend avec les médecins traitants sur les mesures à prendre pour en arrêter les progrès et au besoin prend lui-même les mesures utiles.

Lorsque l'épidémie est terminée, il adresse au préfet un rapport détaillé qui est envoyé au ministre, puis transmis à l'Académie de Médecine.

Le médecin des épidémies peut ordonner une foule de mesures transitoires inspirées par les circonstances pendant la durée d'une épidémie ; il prescrit également les soins hygiéniques nécessaires à prendre par les personnes non atteintes et par celles appelées à donner leurs soins aux malades. Il indique aussi la conduite à tenir avant l'arrivée du médecin à l'égard des personnes supposées atteintes de maladies transmissibles.

La tâche du médecin est d'ailleurs facilitée. Le Comité consultatif d'Hygiène de France a rédigé des instructions s'appliquant aux principales épidémies. Dès qu'un cas est signalé au préfet, il en adresse un exemplaire au maire chargé de surveiller leur exécution.

Et le gouvernement lui-même par des instructions incessantes montre combien cette question le préoccupe.

C'est ainsi que M. Dubief, ministre de l'Intérieur, écrivait le 16 novembre 1905 aux préfets :

« Il appartient notamment à MM. les maires, dès l'apparition des premiers cas d'épidémie diphtérique, et de concert avec le corps médical, soit de recommander aux familles les inoculations préventives, soit d'en assurer l'application dans les conditions les plus rapides, de telle sorte qu'en pareil cas la sérothérapie antidiphtérique soit mise immédiatement à la disposition des populations au même titre que la vaccine antivariolique pour les adultes.

« Si, en effet, cette mesure ne peut être prescrite d'une manière obligatoire, il ne s'ensuit pas qu'elle ne doive être largement préconisée et facilitée, pour être accessible à tous sans délai et avec les garanties nécessaires. L'action des médecins-inspecteurs des écoles, celles des médecins des épidémies, est tout indiquée pour s'exercer sur ce terrain en s'inspirant des hauts enseignements qui viennent d'être rappelés et des excellents résultats obtenus.

« La sérothérapie antidiphtérique préventive doit donc être considérée comme un moyen prophylactique particulièrement efficace, faisant partie intégrante des mesures dont la mise en œuvre rentre dans les attributions sanitaires confiées aux autorités municipale ou préfectorale par la loi du 15 février 1902 et notamment par son article 1er. A ce titre, les frais en résultant doivent être compris parmi les dépenses prévues par l'article 26 de ladite loi, à charge collective des communes, des départements et de l'Etat, de manière à ce qu'ils ne puissent jamais être un obstacle à l'application des mesures envisagées. »

Grâce à cette réglementation, grâce à tous ces efforts généreux, les effets funestes des pernicieuses épidémies semblent maintenant l'apanage du passé. Les progrès de la science, l'organisation des services permettent d'arrêter la maladie, de circonscrire le foyer, de diminuer la mortalité.

## C. — Les Travailleurs

### Le travail dans les Ateliers

La loi du 22 mars 1841 fut le premier texte législatif français établissant quelques règles relatives à l'hygiène des travailleurs. Applicable seulement aux manufactures, usines et ateliers mécaniques, cette loi se bornait à interdire ou à limiter l'emploi des enfants de huit à seize ans dans les travaux insalubres ou dangereux. Ces prescriptions malheureusement restèrent lettre morte : les décrets qui devaient assurer leur application n'ont jamais été rendus et l'inspection du travail organisée à ce moment d'une façon rudimentaire et insuffisante n'a jamais pu fonctionner d'une façon satisfaisante.

C'est la troisième République qui a entrepris réellement la protection légale des travailleurs. L'Assemblée nationale ne devait pas se désintéresser de cette question et de ses discussions naquit la loi du 19 mai 1874 qui s'appliquait à tous les travaux industriels. Les enfants devaient avoir douze ans pour être admis dans les ateliers. Les articles 13 et 14 de cette loi et les décrets des 13 et 14 mai 1875 et des 2 et 3 mars 1877 détaillaient les prescriptions relatives à l'hygiène des enfants et des filles mineures occupées dans l'industrie.

On organisait en même temps l'application des prescriptions légales et réglementaires. D'une part, des inspecteurs divisionnaires étaient créés et les conseils généraux étaient autorisés à instituer des inspecteurs départementaux. D'autre part, on organisait des commissions locales chargées de seconder le service de l'inspection et aussi de le contrôler.

Ce système était une innovation fort heureuse, mais sa revision devait être entreprise dès 1879 par la Chambre des députés qui désirait combler les lacunes existant dans l'organisation de l'inspection.

La période de préparation et d'étude fut longue, ce n'est qu'en 1892 que fut votée, le 2 novembre, la loi sur le travail des enfants, des filles mineures et des femmes dans les établissements industriels. Cette loi actuellement en vigueur à été modifiée elle-même le 30 mars 1900.

Après avoir fixé à treize ans l'âge d'admission des enfants dans les établissements industriels, limité la durée du travail des enfants et des femmes à dix heures par jour, et interdit le travail de nuit de 9 heures du soir à 5 heures du matin, la loi de 1892, en ses articles 12, 13 et 14, établit la réglementation relative à l'hygiène physique, à la sécurité et à la moralité des enfants et des femmes employés dans les *usines*, *manufactures*, *mines*, *minières et carrières*, *chantiers*, *ateliers et leurs dépendances* de quelque nature que ce soit, publics ou privés, laïques ou religieux même lorsque ces établissements ont un caractère d'enseignement professionnel ou de bienfaisance, ainsi que dans les ateliers de famille, lorsque le travail s'y fait à l'aide de chaudière à vapeur ou de moteur mécanique ou si l'industrie exercée y est classée au nombre des établissements dangereux ou insalubres.

L'article 14 édicte que tous ces établissements doivent être tenus dans un état constant de propreté, convenablement éclairés et ventilés, et doivent présenter toutes les conditions de salubrité nécessaires à la santé du personnel.

Le décret du 13 mai 1893, rendu en exécution des articles 12 et 13 de la loi, ajoute ensuite aux dispositions générales de l'article 14 des prescriptions spéciales plus détaillées afin de soustraire les enfants et les femmes aux dangers des travaux insalubres ou dangereux pour la moralité.

Voici les principales dispositions sanitaires de ce décret :

1° Interdiction d'employer des enfants de moins de seize ans au soufflage à la bouche du verre, dans les verreries (art. 7);

2° Obligation de mettre un embout personnel à la disposition de chaque enfant de seize à dix-sept ans employé dans les verreries où le soufflage se fait à la bouche (art. 7);

3° Interdiction d'employer des jeunes filles au-dessous de seize ans au travail des machines à coudre mues par des pédales (art. 12);

4° Interdiction d'employer des enfants et des femmes à la confection d'écrits, imprimés, affiches, dessins, gravures, peintures, images ou autres objets contraires aux bonnes mœurs ou de nature à blesser la moralité de ces travailleurs.

Cette interdiction est assurément une excellente mesure d'*hygiène morale*.

Trois tableaux A, B, C sont en outre annexés au décret du 13 mai 1893 et déterminent : le premier, les travaux interdits aux enfants et aux femmes comme présentant un danger d'empoisonnement ou accompagés de dégagements de vapeurs, d'émanations ou de poussières nuisibles ; le second, les travaux interdits seulement aux enfants de moins de dix-huit ans, comme accompagnés d'émanations nuisibles (extraction des parties soyeuses des chrysalides) ; le troisième, les établissements insalubres dans lesquels l'emploi des enfants au-dessous de dix-huit ans et des femmes est autorisé sous certaines conditions.

La *loi du 29 novembre 1900*, applicable aux commerçants et non plus aux industriels, leur impose l'obligation de mettre un siège à la disposition des demoiselles de magasins.

Les sièges doivent être mobiles et spécialement affectés à l'usage de chaque employée.

*Applications des lois concernant les enfants et les femmes.* — Toutes les prescriptions légales réglementaires énumérées ci-dessus concernent exclusivement le travail des enfants et des femmes, et non celui des ouvriers adultes. Aussi doivent-elles être observées par les industriels et par les chefs de magasins d'une manière constante et immédiate, sans attendre aucun avertissement préalable ni mise en demeure de l'inspecteur du travail. Toute contravention aux articles 12, 13 et 14 de la loi du 2 novembre 1892 ou au décret du 13 mai 1893 et à la loi du 29 décembre 1900 peut être immédiatement relevée par l'inspecteur, même à la première visite dans l'établissement assujetti.

La loi du 12 juin 1893, *concernant l'hygiène et la sécurité des travailleurs dans les établissements industriels*, est venue bientôt après compléter le texte de 1892, en étendant la réglementation relative à l'hygiène des établissements industriels à tous les travailleurs sans distinction (hommes, femmes ou enfants, ouvriers ou apprentis, français ou étrangers).

En vertu de la loi du 11 juillet 1903, la loi du 12 juin 1893 et ses règlements d'administration publique concernant l'hygiène et la sécurité des travailleurs sont applicables dorénavant dans les *manufactures, fabriques, usines, chantiers, ateliers, laboratoires, cuisines, caves et chais, magasins, boutiques, bureaux, entreprises de chargement et leurs dépendances* de quelque nature que ce soit, *publics ou privés, laïques ou religieux, même lorsque ces établissements ont un caractère d'enseignement professionnel ou de bienfaisance.*

Si l'utilité d'une réglementation sur la durée du travail des ouvriers adultes est parfois discutée, il ne saurait en être de même quand il s'agit de la réglementation de l'hygiène des ateliers. Aussi la loi du 12 juin 1893, modifiée par la loi du 11 juillet 1903, prescrivant les conditions d'hygiène et de sécurité des travailleurs dans les établissements industriels et commerciaux, est-elle, au fond, unanimement reconnue comme utile et nécessaire.

La loi du 12 juin 1893 modifiée n'est pas applicable, comme la loi de 1892, dans les mines, minières et carrières ni dans l'industrie des transports, mais elle doit être observée dans tous les autres établissements industriels et commerciaux, y compris les entreprises de chargement et déchargement, les ateliers de famille actionnés par un moteur mécanique ou exerçant une industrie insalubre, et les théâtres, cirques ou autres établissements similaires où il est fait emploi d'appareils mécaniques.

Les mesures générales d'hygiène prescrites par la loi de 1893-1903 sont exposées en tête de l'article 2. « Les établissements visés à l'article 1er doivent être tenus dans un état constant de propreté et présenter les conditions d'hygiène et de salubrité nécessaires à la santé du personnel. »

C'est la reproduction à peu près intégrale de l'article 14 de la loi de 1892, sur le travail des enfants et des femmes.

L'article 3 de la loi laisse à des règlements d'administration publique le soin de prescrire, d'une part, les mesures générales de salubrité applicables à tous les établissements assujettis, notamment en ce qui concerne l'éclairage, l'aération, la ventilation, les eaux potables, les fosses d'aisances, l'évacuation des poussières et vapeurs, le couchage du personnel, etc., d'autre part, au fur et à mesure des nécessités constatées, les précautions particulières relatives à certaines professions soit à certaines professions, soit à certains modes de travail.

Voici les principaux décrets rendus actuellement en exécution de cet article, en vue de l'hygiène des travailleurs.

Les prescriptions sanitaires du décret du 29 novembre 1904 sont indiquées dans les articles 1 à 9. Elles sont toutes relatives à l'installation des locaux de travail :

Les emplacements affectés au travail doivent d'après l'article 1er être tenus en état constant de propreté. Le sol doit être nettoyé chaque jour, avant l'ouverture ou après la clôture du travail, soit par un lavage, soit à l'aide de brosses ou de linges humides. Les murs et plafonds doivent être fréquemment nettoyés et les enduits refaits toutes les fois qu'il est nécessaire, soit au moins une fois tous les trois ans :

L'article 2 prévoit les mesures de propreté et de nettoyage nécessaires dans les locaux où l'on travaille des matières organiques altérables, comme dans les boucheries, les fonderies de suif, les fromageries, etc. Il prescrit notamment l'imperméabilité et le bon nivellement du sol, le lavage avec une solution désinfectante du sol et des murs, l'enlèvement et le dépôt des résidus putrescibles dans des récipients métalliques hermétiquement clos, vidés et lavés au moins une fois par jour.

Les dispositions de l'article 3 ont pour but de tenir l'atmosphère des locaux de travail à l'abri des émanations provenant d'égouts, fosses, puisards, fosses d'aisances, etc., d'assurer un écoulement inodore des eaux résiduaires ou de lavage, d'exiger la ventilation préalable des puits, conduites de gaz, canaux de fumée, fosses d'aisances, caves ou appareils quelconques pouvant contenir des gaz délétères, et dans lesquels des travaux doivent être entrepris et de faire attacher par des ceintures de sûreté les ouvriers appelés à exécuter ces travaux.

Les prescriptions de l'article 4 concernent l'installation, l'éclairage, la construction en matériaux imperméables et le nombre des cabinets d'aisances et des urinoirs.

L'article 5 interdit l'encombrement des locaux fermés affectés au travail en fixant, pour chaque personne employée, un cube d'air minimum de 7 mètres en général, et de 10 mètres dans les laboratoires, cuisines et chais, dans les magasins, boutiques ou bureaux ouverts au public.

Un avis affiché dans chaque local de travail doit indiquer sa capacité en mètres cubes.

Cet article prescrit en outre d'aérer largement au moyen de fenêtres ou autres ouvertures à chaînes mobiles donnant directement sur le dehors, les locaux fermés affectés au travail. Ces locaux doivent aussi être convenablement chauffés en hiver et en tout temps convenablement éclairés, ainsi que les dépendances, passages et escaliers.

Les gardiens de chantiers doivent disposer d'un

abri et, pendant l'hiver, de moyens de chauffage.

Au point de vue de la santé des travailleurs, on peut dire que les prescriptions de l'article 6 comme celles de l'article précédent sont les plus importantes du décret du 29 novembre 1904, car les unes ou les autres s'appliquent à la grande majorité des établissements industriels ou commerciaux.

L'article 6 a pour but en effet de soustraire les ouvriers à l'influence nocive des poussières de toute nature des gaz, vapeurs, buées incommodes, insalubres ou toxiques produites soit par le travail de l'homme, soit par des cuves, fours ou chaudières, ou par des meules, broyeurs et tous autres appareils mécaniques.

Il prescrit encore le renouvellement de l'air des ateliers de façon à le maintenir à l'état de pureté nécessaire à la santé des ouvriers.

L'article 8 réglemente la prise des repos par les ouvriers dans les ateliers et ordonne aux industriels et commerçants de mettre à la disposition de leur personnel les moyens d'assurer la propreté individuelle des vestiaires avec lavabos, ainsi que de l'eau de bonne qualité pour la boisson.

Pendant les interruptions de travail, l'air des locaux de travail doit être entièrement renouvelé aux termes de l'article 9.

Le décret du 28 juillet 1904 établit les mesures de

salubrité applicables au couchage du personnel, et qui se résument ainsi :

Le cube d'air des locaux de couchage ne doit pas être inférieur à 14 mètres. Ces locaux doivent être largement aérés par des ouvertures donnant directement sur le dehors et ventilés par une cheminée ou tout autre mode de ventilation continue.

Les dortoirs doivent avoir une hauteur moyenne de 2 m. 60 au moins.

Quand le plafond fait corps avec le toit, il doit être imperméable et revêtu d'un enduit sans interstices.

Les parois extérieures des dortoirs, non constituées par une maçonnerie de 30 centimètres d'épaisseur au moins, doivent comprendre une couche d'air ou de matière isolante d'une épaisseur suffisante pour protéger l'occupant contre les variations brusques de la température.

On doit affecter une chambre distincte à chaque ménage, ou un dortoir particulier à chaque sexe. Chaque personne doit avoir à son usage exclusif une literie comprenant : châssis, sommier et un meuble pour les effets.

Sauf les gardiens de nuit, les ouvriers ou employés ne peuvent être couchés dans les locaux affectés à un usage industriel ou commercial.

Le sol des dortoirs doit être imperméable et se prêter facilement au lavage : les murs doivent être peints à la chaux au moins tous les trois ans.

La literie doit être maintenue en bon état de propreté ; les draps doivent être changés à chaque changement d'occupants et blanchis au moins tous les mois ; les matelas cordés tous les deux ans, les paillasses renouvelées deux fois par an.

Les dortoirs ne doivent pas être encombrés et le linge sale ne devra pas y séjourner. Tous les jours les lits doivent être mis en état et les dortoirs nettoyés par lavage ou nettoyage humide. Toutes mesures doivent être prises, le cas échéant, pour la destruction des insectes.

Le personnel doit avoir à sa disposition de l'eau potable et ses lavabos munis de serviettes individuelles et de savon.

Le texte du décret du 28 juillet 1904 et une affiche indiquant en caractères facilement lisibles les mesures d'hygiène concernant la prophylaxie de la tuberculose doivent être affichés dans les dortoirs.

Les termes de cette affiche ont été fixés par l'arrêté ministériel du 21 mars 1906 prescrivant des mesures d'hygiène contre le développement de la tuberculose dans les dortoirs.

Des progrès considérables ont été réalisés depuis ce décret. Les inspecteurs du travail ont fait de 8.000 à 10.000 mises en demeure par an pour l'application des diverses prescriptions qu'il contient, sur le cube d'air, l'aération constante, l'éclairage convenable, le pavage du sol des dortoirs, l'espacement suffisant entre les lits, la literie propre, hygiénique et bien entretenue, l'emplacement des cuisines en dehors des locaux de couchage, la mise à la disposition du personnel de placards spéciaux pour les effets qui ne doit pas se confondre avec les placards destinés aux provisions de bouche ou ustensiles de cuisine.

Ce sont d'ailleurs les tribunaux qui auront à apprécier la suffisance des moyens employés pour assurer l'hygiène et la propreté individuelle. L'inspecteur du travail n'est pas tenu de préciser quelles mesures doivent être prises, il n'a qu'à constater l'insuffisance de celles qui existent. Les chefs d'exploitation doivent se rendre compte par eux-mêmes des mesures qu'exige l'hygiène de leurs ouvriers, et ils ne sauraient arguer de ce que ceux-ci négligent par exemple de se servir de lavabos ou de vestiaires pour ne leur procurer que des appareils insuffisants ou des placards insuffisants. (Jugement du Tr. simp. police de Rive-de-Gier du 14 mai 1907.)

En ce qui concerne l'application des prescriptions sur l'hygiène des travailleurs il importe de faire remarquer ce qui distingue les prescriptions légales des prescriptions, réglementaires.

Les mesures d'hygiène générale prescrites par l'article 2 de la loi en faveur de tous les travailleurs sont applicables *ipso facto* sans avertissement préalable, tandis que celles édictées par les décrects rendus en exécution de l'article 3 de ladite loi ne deviennent obligatoirement applicables qu'autant que l'inspecteur du travail a mis l'industriel en demeure de se conformer, dans un délai déterminé, qui ne peut être inférieur à un mois, ni supérieur à un an, aux dispositions de tel ou tel article de tel décret.

Cette mise en demeure, prescrite par l'article 6 de la loi, doit être inscrite sur le registre d'usine de l'industriel, datée et signée ; elle doit indiquer les contraventions relevées et fixer un délai (de un mois à un an) à l'expiration duquel les contraventions devront avoir disparu.

Le registre d'usine est obligatoire pour tous les chefs d'établissements industriels et commerciaux. Il peut être constitué soit par un cahier quelconque, soit par le registre d'inscription des enfants mineurs de dix-huit ans ou le registre spécial du repos hebdomadaire par roulement.

Dans les quinze jours qui suivent la mise en demeure le chef d'établissement peut adresser, s'il le juge convenable, une réclamation au ministre du Travail. Ce dernier peut, lorsque l'obéissance à la mise en demeure nécessite des transformations importantes, portant sur le gros œuvre de l'usine et après avis du Comité consultatif des Arts et Manufactures accorder à l'industriel un délai dont la durée ne peut jamais dépasser dix-huit mois.

*
* *

## Le travail dans les Mines

Le travail dans les mines est soumis à une réglementation spéciale.

Des délégués mineurs ont été institués par la loi du 8 juillet 1890 pour visiter les travaux souterrains des mines, minières ou carrières, dans le but d'examiner les conditions de sécurité pour le personnel employé et en cas d'accident d'étudier les conditions dans lesquelles il s'est produit.

Nous n'en parlerions pas ici si tout récemment la loi du 23 juillet 1907 n'avait pas stipulé que ces délégués auraient également à examiner les conditions de sécurité et d'hygiène des mineurs.

*
* *

## Le travail en Chambre

La loi française sur l'hygiène des ateliers et manufactures n'atteint pas *les travailleurs en chambre* et il semble que certains industriels développent actuellement le travail à domicile pour échapper aux lois en vigueur. Les inspecteurs de travail ont signalé ce fait.

Voici un rapport de l'inspecteur du travail de Lille récent et très caractéristique : « A la suite d'un procès-verbal dressé dans une fabrique de lingerie pour emploi d'enfants en sous-âge, de filles âgées de moins de seize ans au travail des machines à coudre mues par des pédales, etc... l'industriel fut condamné. Aussitôt après le prononcé du jugement, l'atelier qui occupait une trentaine de filles et de femmes fut licencié ; les machines furent transportées chez les ouvrières, et depuis lors les petites filles de dix à douze ans peuvent travailler impunément avec leurs mères ou leurs sœurs de douze à quinze heures par jour. »

Nous ne voulons pas ici étudier les résultats économiques de cette transformation du travail ni les salaires de famine qu'elle entraîne, mais nous voulons indiquer au moins les conséquences sanitaires du travail en chambre. N'est-il pas intéressant de signaler les conditions hygiéniques défectueuses qui auront comme conséquence, si l'ouvrier est atteint de maladie contagieuse au moment où il fabrique un objet, de communiquer les germes de cette maladie à celui qui s'en servira ?

A Paris M. Focillon, étudiant la condition des tailleurs d'habits, dit que généralement la pièce qu'ils occupent a de 4 m. 60 sur 4 mètres, abaissée à 1 m. 98 d'élévation par le lambris qui dérobe le lit, aérée par une fenêtre-lucarne de 77 centimètres d'ouverture et laissant à peine, en tenant compte de la place des meubles et des personnes, 28 mètres cubes d'air.....

Les parents écrasés par un travail effroyable doivent recourir aux enfants pour les aider dans leur tâche.

C'est ainsi qu'un député suisse, M. Sigg, constate qu'une enquête a révélé que des enfants de tout âge travaillaient de 4 heures du matin jusqu'à une heure avancée de la nuit presque sans repos. La plupart de ceux-ci étaient faibles de constitution. Dans le canton de Saint-Gall, soixante-trois rapports signalaient des enfants « peu intelligents, mous, bornés, rapidement fatigués ». Ils étaient anémiés et ne présentaient qu'une attention peu soutenue.

Cet état de choses fait courir un véritable danger à la santé publique. Il arrive fréquemment que des vêtements sont fabriqués par des ouvrières tuberculeuses, que des jouets sont faits près d'enfants atteints de diphtérie ou de scarlatine et livrés à la clientèle sans subir la moindre désinfection.

M. Cotelle affirme que 70 0/0 des vêtements exportés par la ville de New-York en 1899 ont été faits dans des logements infectés de bacilles tuberculeux.

En France, c'est la même chose. M. G. Cahen signale des exemples analogues avenue du Maine :

« Nous voici, dit-il, chez une ouvrière en fourrure. Les odeurs du fumier pénètrent dans la chambre, âcres, violentes. On ouvre la croisée, ce sont encore les mêmes relents qui saisissent à la gorge : des écuries sont installées au-dessous même, et dans l'étroite courette, on secoue les litières, on lave les chevaux, on nettoie harnais et étrivières.

« Toute la famille est atteinte de tuberculose. Le mari est, lui aussi, ouvrier fourreur — quand sa santé le lui permet. Mais depuis six mois, il crache le sang. Maigre, hâve, il ne peut prononcer quelques mots sans être secoué par des quintes de toux.

« La femme, un peu plus alerte, essaie de subvenir aux soins du ménage. Elle travaille dans la fourrure : elle double et garnit. Les manteaux, confections, étoles ou manchons sont coupés à l'atelier. Mais ce sont des ouvrières en chambre qui en font le doublage et le garnissage. Elles traitent d'ailleurs directement avec le patron, sans intermédiaire. On fait prix à l'amiable. Il n'y a point de tarif ; les salaires en saison sont néanmoins assez rémunérateurs : 3 à 4 francs par jour, quand on travaille douze à treize heures. Mais il faut aller tous les deux ou trois jours chercher l'ouvrage ; avec l'attente à l'atelier, ce sont quatre ou cinq heures perdues. Dans les moments de presse il faut coudre toute la nuit, et dès le lendemain rapporter l'ouvrage. — Le travail d'ailleurs est irrégulier ; on peut deux, trois fois de suite en aller quérir et revenir bredouille. De décembre au mois d'août, il y faut renoncer : c'est la morte-saison. Aussi une ouvrière en fourrure doit-elle savoir travailler les fleurs, les plumes ou la passementerie, pour gagner quelque argent de janvier à juillet.

« Tant bien que mal, pendant que notre homme malade vaque au ménage, la femme, quoique astreinte elle aussi à la médication, arrive à alimenter maigrement la maisonnée. Mais comment les fourrures qui sortiront de ses mains, *ne seraient-elles point contaminées ? Elles iront presque infailliblement transmettre les germes de la maladie qui règne à ce foyer, qu'une détestable hygiène rend plus nocive encore.* »

M. Monod, pasteur à Rouen, s'écrie : « N'achetons-nous pas tous les jours du linge qui a traîné en plein foyer de petite vérole ou de scarlatine.

« Les quartiers de misère se vengent ainsi de notre indifférence : quand nous n'allons pas à eux, ils viennent à nous. Ils viennent dans la toile fine et dans la dentelle qu'ont maniées, en leurs taudis, les pauvres, les malades et les épuisés. Ceux-ci nous rendent le mal que nous leur avons laissé faire. »

Cette question préoccupe vivement le monde médical, le docteur Lucien Graux, rédacteur en chef de la *Gazette Médicale de Paris* dans une communication faite au Congrès de l'Association des Ingénieurs architectes et Hygiénistes municipaux abordant cette question, propose la solution suivante :

« Deux moyens s'offrent à nous, l'un tiré de la loi sur la réglementation du travail dans l'industrie, l'autre des lois de 1902 et 1903 sur la protection de la santé publique.

« Les textes relatifs à la réglementation du travail

nous paraissent certes intéressants, mais inopérants, notamment en ce qui concerne la surveillance et le contrôle des dispositions édictées.

« Reste à faire appel aux lois sanitaires. Ici nous nous trouvons en présence d'une organisation très complète de conseils et de comités locaux, de commissions sanitaires de la circonscription, enfin dans les villes de plus de 20.000 habitants et dans les stations thermales de plus de 2.000 de l'institution puissante des bureaux d'hygiène.

« Il est hors de doute que l'administration doive trouver auprès de ces organismes un concours très actif pour assurer la protection immédiate du travailleur, médiate du consommateur. Cette intervention de la loi sanitaire, nous croyons l'avoir démontré, ne se justifie pas seulement au point de vue des résultats à acquérir, mais également au point de vue des applications juridiques dont elle se réclame. »

Certes, nous n'irons pas jusqu'à dire que la loi de 1902 a eu pour but de combattre les abus du travail en chambre, mais il se trouve qu'aujourd'hui sa stricte application pouvant se combiner utilement avec la surveillance de l'inspection du travail contribuerait à diminuer les inconvénients du sweating-system.

Nous ne saurions demander avec trop d'énergie dans ce cas comme dans les autres, la stricte application des lois qui seule permettra de protéger efficacement la santé publique.

# INDEX DOCUMENTAIRE

I. — Loi du 15 février 1902 relative à la protection de la santé publique (*J. Off.* du 19 février 1902), Modifiée par la loi du 7 avril 1903, en ce qui concerne l'organisation et le fonctionnement des services d'hygiène du département de la Seine.

II. — Extrait de la loi du 5 avril 1884 sur l'organisation municipale.

III. — Loi du 12 avril 1906 relative aux habitations à bon marché.

IV. — Décret du 10 janvier 1907 portant règlement d'administration publique pour l'exécution de la loi du 12 avril 1906, relative aux habitations à bon marché.

V. — Arrêté du 26 janvier 1906 relatif aux comités de patronage des habitations à bon marché et de la prévoyance sociale.

VI. — Loi du 1er août 1905 sur la répression des fraudes dans la vente des marchandises et des falsifications des denrées alimentaires et des produits agricoles.

VII. — Décret du 31 juillet 1906 portant règlement d'administration publique pour l'application de la loi du 1er août 1905.

VIII. — Instructions contre la fièvre typhoïde.
— la variole.
— la scarlatine.
— la rougeole
— la diphtérie.
— la suette miliaire.
Instruction prophylactique relative à l'ophtalmie des nouveau-nés.
Instructions contre la dysenterie épidémique.
Instructions contre le choléra.
— la coqueluche.
Instruction prophylactique relative à la fièvre puerpérale.

IX. — Règlements modèles présentés après avis du Comité consultatif d'Hygiène publique de France pour l'application de l'article 1 de la loi du 5 février 1902 relative à la protection de la santé publique.

X. — Décret du 27 juillet 1903 portant règlement d'administration publique sur la vaccination et la revaccination (art. 6 de la loi du 15 février 1902).

XI. — Loi du 21 juin 1898.

XII. — Inspection sanitaire des tueries et des viandes. Organisation du service.

Tous les textes cités dans cet index documentaire seront publiés dans *L'Hygiène publique obligatoire en France* ouvrage du même auteur qui doit paraître prochainement dans la même collection.

## TABLE DES MATIÈRES

Imp. de la librairie GIARD et BRIÈRE, 16, Rue Soufflot, Paris.

V. GIARD et E. BRIÈRE, Éditeurs, 16, Rue Soufflot, Paris (5e)

# ENCYCLOPÉDIE INTERNATIONALE

# d'Assistance, Prévoyance, Hygiène sociales

## ET DÉMOGRAPHIE

PUBLIÉE SOUS LA DIRECTION

DU

**Dr A. MARIE**

Médecin en chef de l'Asile de Villejuif
Directeur du Laboratoire de Psychologie pathologique à l'Ecole des Hautes Etudes
Secrétaire au Conseil supérieur d'Assistance

AVEC LE HAUT PATRONAGE

**De M. le Ministre du Travail**

**De MM. les Directeurs de l'Assistance et de l'Hygiène publiques de France, de Paris, de Rome, de Vienne et de Berlin**

**De MM. les Inspecteurs de l'Assistance Ecossaise et Hollandaise**

ET DE LA

**Présidence du bureau général de l'Assistance de Chicago**

---

Cette bibliothèque résumera l'état actuel des institutions d'assistance publique ou privée, de prévoyance et d'hygiène sociale. Elle constituera une sorte d'inventaire comparatif de ce qui se fait dans les nations civilisées pour secourir les multiples vaincus de la lutte pour la vie, à quelque âge qu'ils appartiennent à quelque condition physique ou morale, et pour instituer la prophylaxie rationnelle, méthodique et scientifique des fléaux divers qui menacent la société humaine. Des volumes seront consacrés à l'étude d'ensemble des grands problèmes sociaux du paupérisme, de la mendicité, du vagabondage, de la prostitution, de la folie des délinquants et autres, de leur relèvement et patronage, etc. Ainsi qu'à l'organisation des grands services de prévoyance et à l'étude des problèmes d'hygiène individuelle ou collective, publique ou privée, urbaine ou rurale, industrielle ou agricole, civile ou militaire, scolaire ou autres.

Le *caractère* essentiel de cette bibliothèque est d'être internationale, et par conséquent éclectique; nous sommes à une époque de conférences interparlementaires où, en chaque pays, les besoins de transformations législatives et de codifications réglementaires sociales se font de plus en plus sentir, nous avons donc voulu établir des tableaux comparitifs résumant les documents techniques établis dans les différents pays, pour préparer les solutions prochaines des grands problèmes à l'étude.

Les travaux publiées seront basées sur les faits et l'exposé des documents positifs fournis par l'expérience des institutions diverses existant en France et à l'étranger. Aussi s'est-on adressé de préférence aux fondateurs ou administrateurs de services publics ou privés qui ont fait des créations personnelles ou des innovations partielles spéciales. Pour bien marquer la tendance générale, les premiers volumes de la collection exposeront les problèmes généraux de l'assistance systématique de la prévoyance et de l'hygiène sociale moderne; il s'agit d'esquisser dans son ensemble, la synthèse pratique à laquelle doivent tendre tant d'efforts isolés et disséminés auxquels manque trop souvent une coordination générale pour produire leur plein effet. Les droits à l'assistance et à une vie meilleure, désormais posés, appellent sur le terrain des applications prochaines tout un programme positif et raisonné que nous entendons définir.

Chacun des autres livres constituera une mise au point du problème sur un point déterminé et une critique des observations et des expérimentations antérieures dans les différents pays ; un chapitre sera consacré aux mesures législatives appliquées ou proposées. Ces études s'adressent, par leur portée sociale, à tous les savants et serviront de guide aux administrateurs publics comme aux philanthropes de l'initiative privée, aux psychologues, aux médecins, ainsi qu'aux juristes et aux personnes désireuses de s'assimiler les programmes sociaux modernes, soit qu'elles appartiennent aux milieux politiques et parlementaires ou aux corps autres élus divers.

La bibliothèque est limitée en principe à 100 volumes, dont chacun est un chapitre d'assistance d'hygiène ou de prévoyance sociale et dont l'ensemble formera un vaste Traité de ces sciences en 25.000 pages. Elle constituera une encyclopédie complète, qui sera un résumé de ces questions au commencement du xxe siècle. Elle sera tenue au courant des progrès de la science par des éditions successives portant, au fur et à mesure des besoins, sur chacun des volumes.

---

## PRINCIPAUX COLLABORATEURS :

MM.

Professeur **Alt**, d'Uchtspringe ;

Professeur **Anderson**, de Chicago ;

Docteur **Barth**, Médecin des hôpitaux de Paris ;

**P. Baudin**, député, ancien ministre ;

**H. Bonnet**, Secrétaire-Trésorier des Bureaux de bienfaisance de Paris (VIe arr.) ;

**Breton**, député ;

**E. Briat**, Secrétaire général du Syndicat des Ouvriers en Instruments de précision ;

**Cosnier**, député ;

**E. Cheysson**, de l'Institut ;

**Decante**, Juge au tribunal de Châteaudun ;

**Duc Decazes**, Président de la Société d'Assistance familiale ;

Docteur **Delbet**, député, Directeur du Collège libre des Sciences sociales ;

Docteur **Dubief**, député, ancien ministre ;

Professeur **Ferrari**, de Bologne ;

**Gerenyi**, Directeur de l'Assistance générale, à Vienne (Autriche) ;

Docteur **L. Graux**, Rédacteur en chef de la *Gazette médicale* et de la *Gazette des Eaux* ;

**P. Guiesse**, député, ancien ministre, Président de la Commission d'Assurance et Prévoyance sociale, Président de l'Institut des Actuaires français ;

Docteur **Helme**, Directeur de la *Revue moderne de médecine et de chirurgie* ;

**H. Joly**, de l'Institut ;

Professeur **Ladame**, de Genève ;

Miss **Lathrop**, Inspectrice de l'assistance de l'Illinois (U. S.) ;

Docteur **Maurice Letulle** Professeur agrégé à la Faculté de Paris ;

Docteur **Levaditi**, de l'Institut Pasteur ;

Professeur **Lombroso**, de Turin ;

**L. Mabilleau**, Directeur du Musée social, Président de la Fédération Internationale de la Mutualité ;

**Henry Maret** ;

Docteur **A. Marie** ;

Professeur **Mac Pherson**, d'Edimbourg, Inspecteur général de l'Assistance écossaise ;

Docteur **Manheimer-Gommez**, ancien chef de clinique de la Faculté de Paris ;

Docteur **R. Martial**, Chef de clinique dermatologique, rédacteur en chef de la *Revue pratique des maladies cutanées* ;

**Merlo**, Directeur de la Bienfaisance publique à Rome ;

**A. Mestre**, Inspecteur du travail dans l'Industrie ;

**Mesureur**, Directeur de l'Assistance publique de Paris ;

**A. Mesureur**, Chef de cabinet à la direction de l'Assistance ;

**R. Meunier**, Préparateur à l'Ecole des Hautes Etudes ;

**Mirman**, Directeur général de l'assistance et de l'hygiène publiques de France ;

Professeur **Morel**, Médecin en chef de l'Asile d'Etat de Mons ;

**Muensterberg**, Président de l'Office central des Œuvres et Directeur de l'Assistance et de la bienfaisance publiques à Berlin ;

Docteur **Papillon**, Médecin de la Préfecture de la Seine ;

Docteur **Peeters**, de Gheel,

**De Queckert**, Directeur de la bienfaisance à Bruxelles ;

Professeur **Robertson**, de Stirling ;

**Salmont**, Avocat à la Cour d'appel de Paris. Président de la Caisse des Victimes du Travail ;

Docteur **Scrini**, ancien chef de clinique de la Faculté de Paris ;

Professeur **Spratling**, de Massachusset ;

**Paul Strauss**, Sénateur, Directeur de la *Revue philanthropique* ;

Professeur **Tamburini**, de Rome ; Président de l'Institut International de Psychologie ;

**Thilloy**. Secrétaire général de l'Assist. publique ;

Professeur **Van Deventer** d'Amsterdam, Inspecteur général des Asiles ;

**N. Vaschide**, chef de Travaux à l'Ecole des Hautes-Etudes (Paris) ;

Docteur **J. Voisin**, Médecin de la Salpêtrière ;

Docteur **Viollet**, Médecin des Asiles publics ;

**Viviani**, Ministre du Travail.

## Série A. — Hygiène (1)

*Première Série.*

1. Hygiène d'antan.
2. Essai de démographie comparée (Statistique générale).

*Hygiène individuelle.*

3. L'éducation des travailleurs.
4. L'hygiène individuelle des travailleurs.
5. L'alimentation.
6. Les boissons.
7. L'hygiène du vêtement.
8. L'hygiène du home.

(1) La série B comprendra les problèmes techniques spéciaux hygiène du travail intellectuel, psychothérapie, hygiène du travail musculaire, surmenages, hygiènes sexuelles, sportives, etc., épidémie, désinfection, assainissement, sous-sol rural et urbain, épizooties, cimetières, mines, chauffage, incendie, régime des bois et des eaux, inondations, irrigations, cités, jardins, hygiène rurale spéciale, etc.

*Hygiène générale.*

9. Hygiène industrielle.
10. Hygiène navale.
11. Hygiène militaire.
12. Hygiène scolaire.
13. Hygiène rurale générale.
14. Hygiène urbaine générale.

*Hygiène spéciale.*

15. Les transports collectifs.
16. L'éclairage.
17. Les eaux de l'alimentation.
18. Les théâtres et lieux de réunions.
19. Les déchets urbains.
20. La lutte antituberculeuse.

*La lutte antitoxique.*

21. Les poisons sociaux.
22. Alcool.
23. Ether.
24. Opium.
25. Morphine.
26. Pelagre.
27. Poisons alimentaires.
28. Les gaz toxiques.
29. Plomb.
30. Phosphore.

## SÉRIE A. — ASSISTANCE ET PRÉVOYANCE (1)

*Première Série.*

1. Les origines de l'assistance.
2. Les Ecoles d'Assistance.

(1) La série B comprendra les problèmes de prévoyance sociale (assurances, syndicalisme, coopération, bourses de travail, réglementation scientifique sociale, repos, maximum d'heures de travail, restrictions réglementaires relatives à l'âge ou au sexe, etc...)

3. Pour l'enfance (Ier âge), et pour les mères.
4. L'assistance éducatrice de l'enfance.
5. L'enfance anormale.
6. L'hôpital moderne.
7. Les secours à domicile (bureau d'assistance sociale)
8. Les convalescents.
9. L'infirme et la société.
10. L'assistance aux vieillards.
11. Le repos de la vieillesse.
12. La bienfaisance privée.
13. L'entente nécessaire entre les œuvres charitables et l'assistance publique.
14. Refuges et asiles de nuit.
15. Le régime des aliénés.
16. L'asile moderne.
17. Les épileptiques et la colonisation agricole.
18. L'assistance des étrangers.
19. Les secours aux militaires malades et blessés.
20. Les hôpitaux flottants.
21. L'anti-alcoolisme et le relèvement des buveurs d'habitude.
22. La lutte contre la prostitution.
23. Le relèvement des libérés de prison.
24. L'assistance par le travail.
25. Les vagabonds.
26. Paupérisme et mendicité.
27. Les anti-sociaux et les régimes pénitentiaires modernes.
28. Les accidents du travail.
29. Les secours de chômage.
30. Les secours aux nécessiteux.

---

## POUR PARAITRE EN 1907-1908.

1. L'hygiène individuelle des travailleurs. Docteur R. MARTIAL.
2. L'hygiène d'antan. Docteur HELME.
3. L'Education des travailleurs. P. BAUDIN.
4. La lutte anti-tuberculeuse. Docteur PAPILLON.
5. Opium et Haschisch. Docteurs MARIE et VASCHIDE.
6. Le Plomb. BRETON.
7. La Pelagre. LOMBROSO et MARIE.
8. Les Ecoles d'Assistance. A. MESUREUR.
9. L'hôpital moderne. Docteur M. LETULLE.
10. L'encombrement hospitalier. Docteur BARTH.
11. Les secours à domicile. H. BONNET.
12. Refuges et asiles de nuit. DE QUEEKERT.
13. Les régimes des aliénés. Docteur DUBIEF.
14. La lutte contre la prostitution. DECANTE.
15. Les vagabonds. R. MEUNIER.
16. Le système d'Assistance D'ELBERFELD. Munsterberg.
17. Les accidents du travail. DECANTE et MARIE.
18. L'hygiène du travail intellectuel. Docteur M. GOMMEZ.
19. L'asile moderne. Professeur VAN DEVENTER.
20. La colonisation agricole. Docteur MARIE et COSNIER.
21. L'hygiène des stations thermales et climatériques. Docteur L. GRAUX.
22. L'enfance anormale. Docteur J. VOISIN.
23. L'hygiène coloniale. Docteur MATHIS.
24. Fatigue musculaire dans ses rapports avec l'hygiène du travail. VASCHIDE.

---

**V. GIARD & E. BRIÈRE**

*Libraires-Editeurs*

16, RUE SOUFFLOT ET 12, RUE TOULLIER PARIS

« Seule, la pratique étroite, et raisonnée de l'Hygiène, tant sociale que privée permettra à la Démocratie de poursuivre sa marche en assurant la pérennité de ses conquêtes. »

Mon cher ami,

Le jour où vous m'avez fait l'honneur de m'apporter les bonnes feuilles du 1er volume de l'Encyclopédie Internationale, sur « l'Hygiène du Travailleur » en me demandant de dire tout haut et sans arrière-pensée, ce que j'en penserais au point de vue médical, après que le sénateur Paul Strauss l'aurait apprécié au point de vue sociologique, mon premier mouvement a été de me récuser. J'estime, en effet, que juger d'une manière impartiale l'œuvre d'autrui est plus que malaisé pour ne pas dire impossible, surtout quand on est comme nous « de la partie ». Néanmoins, attaché depuis tant d'années à quelques-uns des plus angoissants problèmes de l'Hygiène sociale, convaincu, de plus en plus chaque jour, de l'urgente nécessité qu'il y a à faire pénétrer, par tous les moyens possibles, dans les masses profondes de la démocratie les notions fondamentales de l'hygiène et la pratique raisonnée de cette « science de la vie », je me suis fait un devoir et bientôt une joie de vous lire.

Et voici que, tout heureux de me trouver, sur presque tous les points étudiés par l'auteur, si bien d'accord avec lui, je ne puis résister au désir de louer ses efforts, méritoires certes, et d'une haute portée philanthropique, résumés en ce court mais aussi original qu'attachant fascicule.

Votre but, en rédigeant ce petit « Manuel d'Hygiène pratique, à l'usage des Travailleurs », a été de leur montrer, par des faits précis, en un style simple et à leur portée, l'influence considérable de l'hygiène, tant individuelle que professionnelle et que sociale, considérée à leur point de vue strictement personnel. Vous leur prouvez en même temps combien le souci et la conservation de leur propre santé sont indispensables à l'entretien de leur vie, si dure déjà quand ils se portent bien, si douloureuse lorsque la « maladie » vient s'ajouter au pesant fardeau de l'existence.

Aidé de ce « *Vade mecum* de l'ouvrier », vous allez, semant à pleines mains la bonne et généreuse semence ; vous divulguez, sous la forme qui convient le mieux à vos lecteurs, les éternels Principes de la Prophylaxie et de la Morale sociales : puissants leviers, grâce auxquels la « Médecine sociale » arrivera à réduire au minimum la morbidité de ceux qui peinent et poursuivra jusqu'à ses ultimes limites l'amélioration progressive de l'espèce humaine.

Pour atteindre à cet idéal de tous les hygiénistes, que faut-il donc encore ? L'assentiment universel des hommes et leur loyale accoutumance aux lois de l'Hygiène acceptées sans réserves. Seule, une *Education sociale* bien organisée, précise et convaincante, pourra réaliser ces espérances. Votre livre en aura précisément été l'un des plus utiles instruments.

***

Et maintenant, puisqu'il n'en coûte rien d'espérer, faisons ensemble ce rêve : l'Humanité, affranchie à jamais de son ignorance, sûre de ses destinées, connaît et apprécie la plénitude de ses devoirs et de ses droits à l'égard de l'individu aussi bien qu'envers la collectivité sociale. Elle s'est imposée sans regrets et pratique avec joie les lois de l'hygiène ; car ces lois sont la Charte même de ses libertés si chèrement conquises sur le passé. Chacun de nous, respectueux de sa propre santé comme de la santé d'autrui, entretient avec un soin jaloux les forces de son organisme, dont il se reconnaît responsable à l'égard de la communauté. Pendant les heures consacrées à la profession qu'il exerce en commun avec ses semblables, il observe scrupuleusement toutes les règles de prophylaxie reconnues indispensables pour le mettre, lui et ses camarades, à l'abri des dangers inhérents à son métier.

Par réciprocité, la collectivité sociale à laquelle il appartient multiplie autour de lui toutes les mesures de protection hygiénique les plus efficaces. Les « Maladies sociales » telles que la variole, le choléra, la fièvre typhoïde, et la tuberculose, les intoxications, comme le saturnisme, l'hydrargyrisme et l'alcoolisme, ont depuis longtemps disparu, l'homme sain étant parvenu à s'y soustraire sans retour.

L'Hygiène sociale, appliquée dans son intégralité, apporte en outre son aide collective aux « faibles » et aux « désarmés » comme les mères et les enfants, aux « victimes » comme les infirmes, et enfin aux « vaincus de la vie », comme les vieillards et les incurables...

Ainsi comprise et pratiquée, l'hygiène de l'individu, qui protège sa santé et lui permet de suivre sa destinée, est loin d'être « égoïste », au sens rectrictif du mot. Tout au contraire, elle devient une vertu sociale, « altruiste » au plus haut point ; car se maintenir sans cesse en bon état, pouvoir travailler jusqu'à la fin pour sa famille et pour soi, c'est faire acte quotidien de Solidarité sociale, c'est servir au mieux les intérêts généraux de la collectivité. Inversement, se nuire de parti pris à soi-même n'est-ce pas nuire, aussi aux autres? Par l'usage de l'alcool et des poisons dits « apéritifs », le buveur, qui détruit peu à peu ses organes, dégrade en même temps sa descendance, expose sa famille aux pires désastres, et porte nuisance à la collectivité sociale, dont, qu'il le veuille ou non, il dessert ainsi les intérêts. Il en va, à coup sûr, de même pour le syphilitique, indéfiniment contagieux, et pour le phtisique qui, en crachant partout ses microbes, contamine son entourage, tue ses enfants, et affaiblit d'autant, contre toute justice, les ressources de la société.

Eclairés par ces notions fondamentales, qui forment comme la trame même de votre ouvrage et en éclairent tous les chapitres, vos lecteurs, les travailleurs, comprennent, sans qu'il leur faille de longues explications, tous les desiderata de l'*hygiène urbaine* et de l'*hygiène du logis*. Ils savent les dangers de la Ville, cette « grande mangeuse d'hommes », parce qu'elle soustrait au citadin l'air pur et la lumière, qui lui sont aussi nécessaires, pour vivre, que le pain. Ils n'oublieront plus que nos mœurs actuelles, avec nos lois d'hygiène insuffisantes et inefficaces, sont encore à ce point barbares, qu'elles sont incapables d'assurer la « protection réciproque » des immeubles. Ils se souviendront que le logement sombre et humide est le terrible pourvoyeur de la tuberculose. Ils sauront réclamer l'atelier clair, propre, aéré, et éviteront le misérable « atelier de famille,source de misère et de maladies. Ils voudront apprendre à se bien nourrir et pour moins cher, grâce aux associations coopératives ouvrières. Bref, mieux instruits de leurs besoins hygiéniques et de leur droit à la vie normale, forts de cette Morale Sociale qui sera la foi raisonnée et scientifique des générations de demain, assurés par l'expérience que « préserver les autres, c'est se préserver », sachant qu'en s'entr'aidant les uns les autres la vie de l'individu deviendra de moins en moins cruelle et assurera une part du bonheur à laquelle il a droit, ils seront vraiment murs pour les conquêtes de la Démocratie et formeront l'avant-garde, instruite et consciente, d'une Humanité meilleure digne, de sa destinée.

Dr Maurice LETULLE.

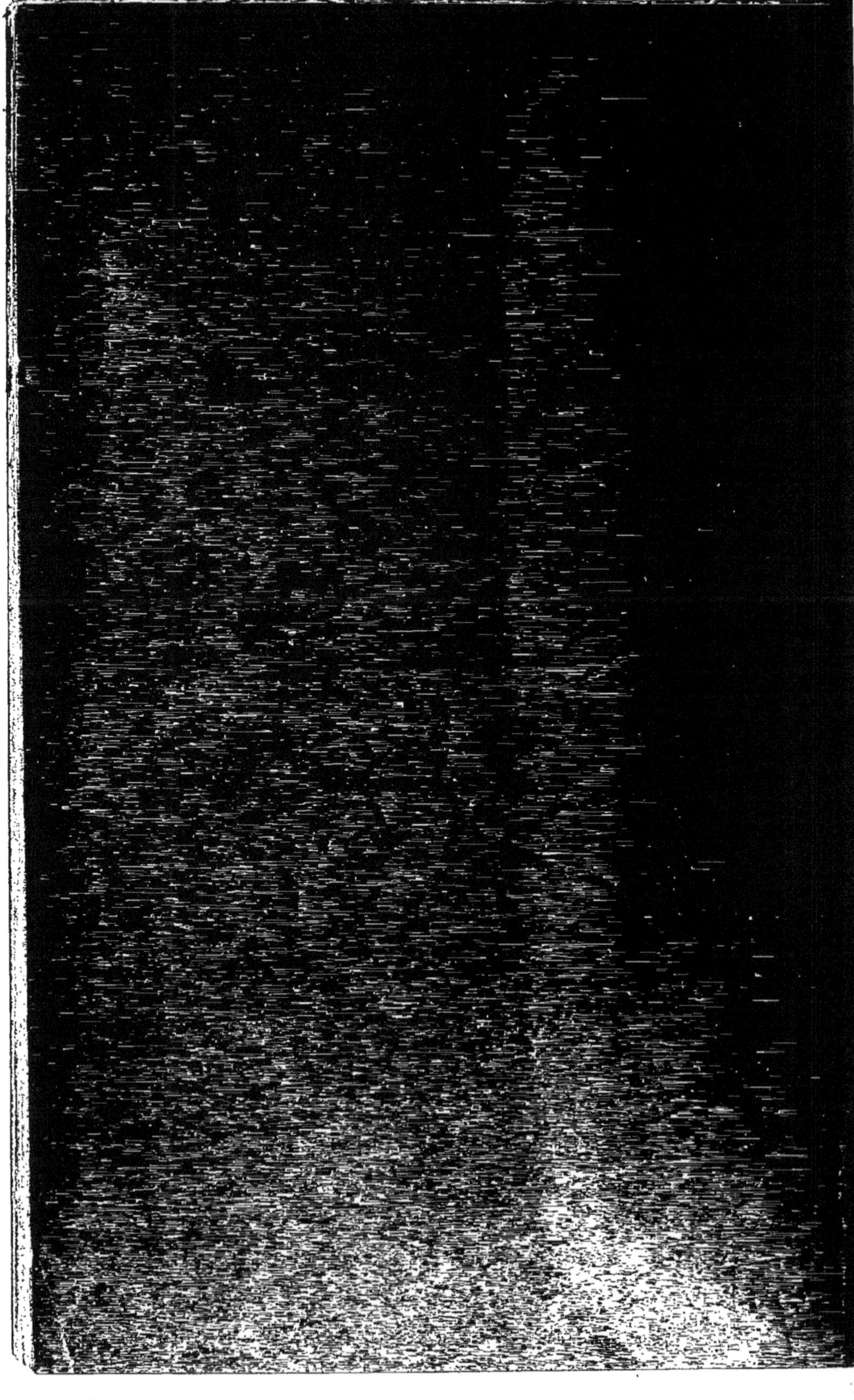

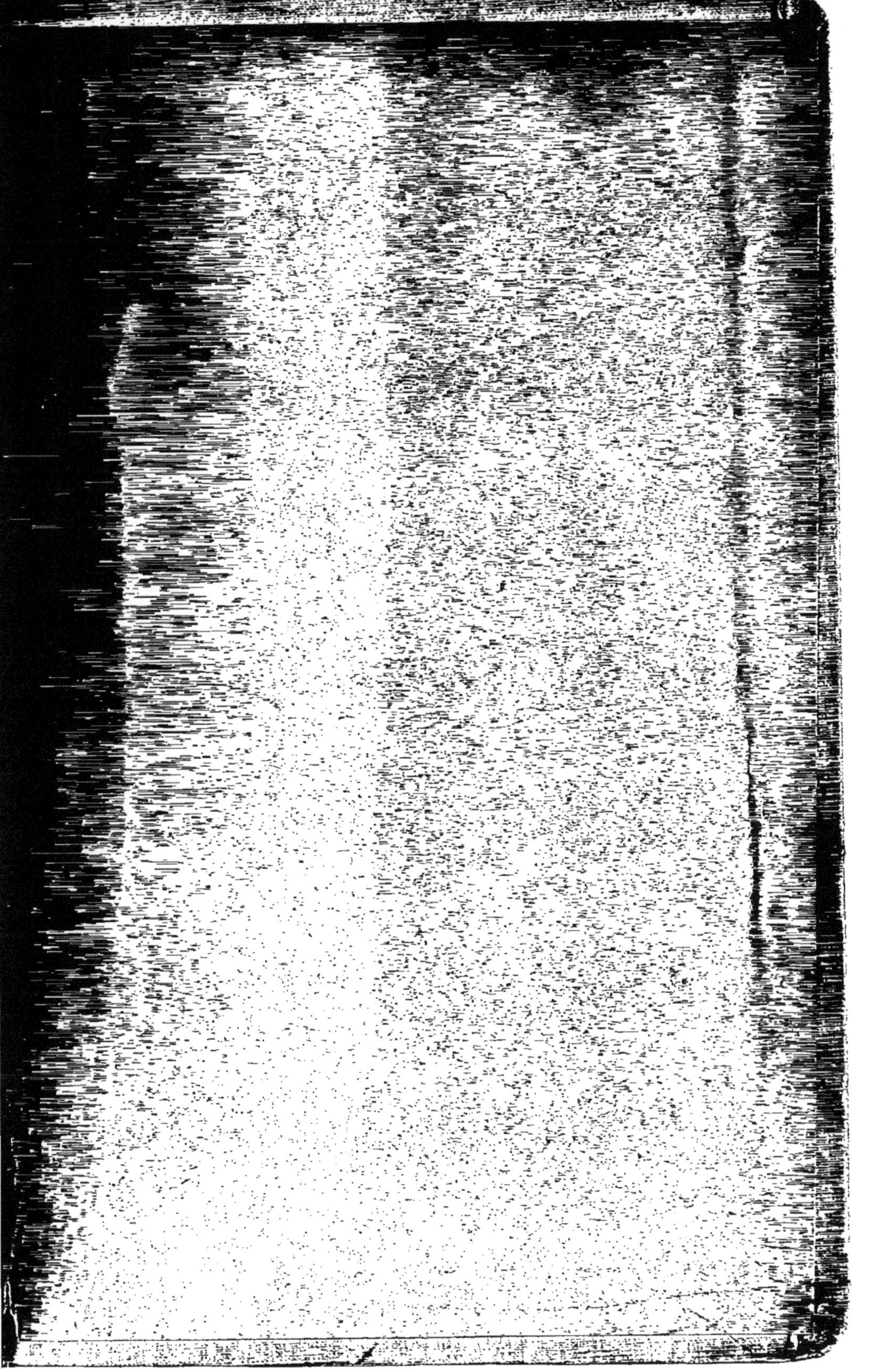

www.ingramcontent.com/pod-product-compliance
Ingram Content Group UK Ltd.
Pitfield, Milton Keynes, MK11 3LW, UK
UKHW021850190726
13855UKWH00001B/249

9 782012 964884